TRAITÉ

DE

CONSERVES ALIMENTAIRES.

TRAITÉ

DE

CONSERVES ALIMENTAIRES

A L'USAGE DES MÉNAGES

SUIVI DES MEILLEURS PROCÉDÉS ET RECETTES POUR LES
FRUITS SECS, FRUITS A L'EAU-DE-VIE, CONFITURES, MARMELADES,
GELÉES, SUCS, SIROPS, LIQUEURS, CRÈMES, ETC.

Par P. FAUCHEUX

Chef-conservateur de l'un des principaux établissements de Nantes

1851

NANTES.—IMPRIMERIE DU COMMERCE.—V. MANGIN.

AVANT-PROPOS.

L'art des conserves alimentaires est dû à
M. Appert; cet inventeur eut à lutter contre le
mauvais vouloir, contre l'ignorance, et chose
incroyable, contre certains chimistes et certains
hommes éminemment éclairés, qui refusèrent de
se rendre à l'évidence.

L'agent sur lequel est basée la conservation de
tous les aliments est la chaleur; ce ne fut certes
pas une nouvelle propriété du calorique que
M. Appert découvrit; longtemps avant lui, on
avait soupçonné les moyens de conserver les substances animales et végétales par l'action du
feu; mais on avait peu ou pas réussi. M. Appert
résolut le problème.

Ce nouvel art culinaire resta longtemps dans
l'enfance; comme pour toute invention, il fallait

bien des études, bien des perfectionnements pour arriver à une *conservation* parfaite ; il fallait une persévérance peu commune. M. Appert était, n'en doutons pas, chimiste habile, travailleur infatigable ; mais les moyens matériels lui manquèrent. Comme il arrive toujours, un autre homme devait poursuivre l'œuvre de l'inventeur et la porter à son plus haut degré de perfection ; cet homme fut un de nos concitoyens, ce fut M. J. Colin. M. Appert avait découvert un art ; M. Colin en fit une industrie et en dota Nantes.

M. Colin ne pressentit pas à tort le succès d'une invention si utile. Un port commercial tel que Nantes devait promptement faire apprécier les conserves alimentaires ; ce fut ce qui arriva. Les marines royale et marchande ne tardèrent pas à ressentir les bienfaits des aliments conservés : viandes, gibiers, poissons, légumes et fruits se montrèrent dès lors sur la table de chaque bord, et les passagers ne considérèrent plus, comme auparavant, une traversée comme un supplice.

M. Colin vit donc couronner ses peines par une entière réussite, et son établissement, le plus ancien après celui de M. Appert, prit une extension nécessaire à l'écoulement de ses produits.

On ne peut nier que notre concitoyen fît faire de grands progrès à cette nouvelle industrie. Durant la période de sa vie commerciale, il ne s'arrêta pas au pied de l'échelle; aimant l'industrie avant tout, il sut réunir l'intelligence qui enfante et le travail qui accomplit. M. Colin étudia sans cesse les principes de la bonne *conservation* : manipulateur habile, ses nombreux perfectionnements trouvèrent toujours le succès après l'exécution; enfin, nous tous ses concitoyens, nous ne devons pas oublier que ce fut lui qui donna l'essor à une industrie naissante, qui sera toujours un bienfait pour tous, et partant un pas immense dans la civilisation.

Comme nous l'avons dit, la marine fut la première à apprécier l'avantage des aliments conservés; mais bientôt les divers pays que la nature priva de nos riches productions, trouvèrent dans les conserves les moyens réels de suppléer à leur sol ingrat. Les prix élevés de ces conserves les firent, il est vrai, regarder tout d'abord comme objets de luxe, mais l'habitude les rendit promptement aliments de première nécessité; de là, l'importance qu'acquit en peu d'années cette industrie.

La France, ce pays si fertile, semblait n'avoir nul besoin de ce nouvel art; elle tarda peu cependant à en ressentir les bienfaits. Chacun voyait avec peine s'éloigner la saison des légumes et des fruits ; plus d'une personne regrettait de ne pouvoir se procurer toujours ces jouissances de quelques mois. Il s'en suivit donc que, par cela même que la fertilité de la France fournit tous les biens, on voulut jouir pendant l'année entière de ces bienfaits périodiques de la nature.

Les classes aisées purent seules jusqu'à ce moment contenter leurs désirs : les prix des conserves alimentaires sont restés trop élevés pour être abordables à tous ; ce fut la cause de notre ouvrage. N'était-il pas possible de mettre à la portée du grand nombre, des procédés de *conservation* peu dispendieux et néanmoins excellents? Tel était le but que nous voulions atteindre ; dans le cas de réussite, chaque famille ne regretterait plus autant la fin des saisons, car chaque famille pourrait, à peu de frais, se pourvoir, suivant ses besoins, pour les mois non productifs.

Nous avons annoncé plus haut que M. Appert eut à lutter contre le mauvais vouloir et l'ignorance ; en effet, malgré sa persévérance et son talent, il lui fut impossible de porter son invention au degré de perfectionnement où elle est arrivée aujourd'hui. Ses procédés se ressentaient de l'enfance de l'art : ils étaient dispendieux, conséquemment ses produits d'un prix trop élevé ; ajoutons que l'on douta longtemps de la bonté de cette découverte, alors on concevra que l'écoulement des produits était très-difficile. Nous devons dire cependant que le gouvernement, comprenant les bienfaits de cette nouvelle industrie, ne négligea rien pour la propager : une récompense fut accordée à l'inventeur, sous la condition que ce dernier écrirait un ouvrage sur l'art de conserver. En effet, M. Appert fit imprimer en 1810 : L'ART DE CONSERVER, PENDANT PLUSIEURS ANNÉES, TOUTES LES SUBSTANCES ANIMALES ET VÉGÉTALES. Dans les éditions suivantes, il fit imprimer son ouvrage sous ce nouveau titre : LE LIVRE DE TOUS LES MÉNAGES, OU L'ART, etc. Son but fut de faire connaître à chaque famille l'utilité des conserves alimentaires ; il écrivit donc dans l'intérêt des masses. Mais son livre devait-il dès ce moment propager dans chaque famille les aliments conservés ? devait-il être parfaitement compris ? Non, et nous pouvons le prouver facilement. Chacun pouvait-il faire des conserves dans son ménage quand l'auteur écrivait : Il faut des tabourets de cuir, une presse, des mâchoires à lévier, et une foule d'instruments que personne ne possède dans sa cuisine et que personne ne veut acheter. Nous sommes cependant forcés de dire que l'ouvrage de M. Appert est excellent ; ce sont encore les mêmes procédés dont se servent tous nos conservateurs. Le mérite de l'inventeur est incontestable ; mais on le sait, pour toute invention, le temps, les circonstances et les hommes apportent sans cesse de nouvelles innovations.

Notre tâche était tracée : il fallait simplifier les procédés de manière que tous pussent conserver les aliments désirés avec les ustensiles habituels d'un ménage.

Notre sieur F. Faucheux, chef conservateur depuis plusieurs années de l'un des principaux établissements de Nantes, suivit les progrès de cette industrie et aida à son développement : il suivit, disons-nous, les progrès ; en effet, il commença son étude sous M. Colin, et depuis n'abandonna pas un seul jour le travail des conserves alimentaires. Il aida au développement, avons-nous ajouté : il fut l'inventeur des boîtes de ferblanc à la mécanique, invention qui fut d'une grande importance, car elle apporta une diminution notable dans le prix des conserves alimentaires.

M. F. Faucheux chercha bien longtemps s'il était possible de simplifier les procédés de *conservation* ; il sacrifia bien des heures à faire des

expériences, mais il ne regretta ni son temps,
ni ses peines, car il réalisa ses espérances.

Avec nos procédés, on peut conserver tous les
aliments avec les plus simples ustensiles ; il
n'est nullement besoin d'acheter des instruments nouveaux et fort chers. Un chaudron et
un tamis, voilà les seules choses nécessaires, et
certes chacun, dans sa cuisine, possède ces objets
indispensables.

Que chaque mère de famille considère un
instant cette rude saison, où, privée de légumes
et de fruits, elle ne sait que donner à ses chers
enfants malades ! Quel plaisir ne ressentira-t-elle
pas si elle peut calmer leur malaise importun
avec un fruit délicat ! Et quel bonheur pour
tous de voir sur leurs tables ces légumes déli-
cieux que les saisons productives ont offerts
un instant avec tant d'abondance, et dont tous
seraient privés sans la sage prévoyance de la
bonne ménagère !

Dans notre ouvrage, nous avons traité les légumes avec une attention particulière. Nous savons
que beaucoup de familles conservent des petits-
pois, des haricots, etc. ; peut-être, réussissent-
elles toujours, nous aimons à le croire. Quoi
qu'il en soit, nous espérons que personne ne
négligera de consulter notre traité.

Les fruits demandent beaucoup de soins pour leur bonne conservation : nous avons fait toutes les expériences nécessaires, et avec les procédés indiqués dans notre livre, nous avons obtenu des conserves parfaites ; c'est donc avec assurance que nous conseillons nos moyens de *conservation*.

Nous n'avons pas négligé la conservation des autres aliments, tels que viandes, poissons, gibiers et volailles.

Avant de faire imprimer notre traité de conserves alimentaires, nous l'avons soumis à des personnes aptes à le juger ; quelques-unes nous ont dit avec raison : « Votre traité devrait être suivi de certaines recettes pour ces petites jouissances utiles et agréables dans chaque ménage. » Nous avons parfaitement compris, et confiants dans leurs conseils, nous avons ajouté à nos procédés de conserves les meilleures recettes pour la préparation des fruits secs, fruits à l'eau-de-vie, confitures, marmelades, sucs, sirops, liqueurs, gelées, crèmes, etc. Nous garantissons la bonté de nos recettes. Du reste, voici comment nous avons agi : et par nous-mêmes, et par les meilleurs ouvrages de distillation et de confiserie, nous avons fait un choix sévère de méthodes de préparation ; puis, nous avons fait toutes les expériences convenables, et après réussite complète, nous avons écrit, une à une, chacune des recettes de notre ouvrage. C'est donc avec l'entière certitude de la bonté et de l'utilité de notre livre que nous offrons le résultat de nos travaux.

TRAITÉ

DE

CONSERVES ALIMENTAIRES

A L'USAGE DES MÉNAGES.

PRÉPARATION.

Bain-Marie.

Notre traité de conserves alimentaires n'étant pas une œuvre théorique, nous nous bornons à définir le bain-marie dans son acception pratique.

Le bain-marie est une chaudière contenant de l'eau ; on y dépose les vases, boîtes ou flacons qui renferment les aliments que l'on veut conserver.

Le but du bain-marie est de substituer l'action de l'eau bouillante à l'action directe du feu.

Pour bien comprendre la manipulation en conserves alimentaires, il faut se pénétrer de ce principe, qu'on ne peut rien obtenir sans l'application de la chaleur par le bain-marie. Ainsi la *conservation* des aliments dépendant de l'opération du bain-marie, l'intensité du calorique doit être assez puissante pour décomposer l'air contenu dans les vases, et opérer le vide parfait au refroidissement.

Pour obtenir le degré de chaleur nécessaire à la *conservation*, il faut que la chaudière dans laquelle on fait subir l'opération du bain-marie, soit muni d'un couvercle ; s'il en était autrement, l'atmosphère de vapeur ne serait pas assez élevée pour opérer la décomposition de l'air contenu dans les vases ; il en résulterait que, quelques jours après l'application au bain-marie, les boîtes bomberaient : ce serait un signe infaillible que les aliments seraient gâtés.

M. Colin nous dit que l'un des résultats de la décomposition est un ferment insoluble et probablement identique au ferment de bierre, qui, comme ce dernier, détermine la fermentation sans avoir besoin de la présence de l'air. Nous savons aussi par les observations de ce chimiste que la chaleur de l'ébullition arrête la fermentation déterminée par le ferment insoluble qui ne peut se reproduire sans le contact de l'air.

Le principe du bain-marie est invariable dans ses effets; les avaries que l'on éprouve sont dues à l'incurie ou à la mauvaise manière de l'application. Si le manipulateur qui procède avec connaissance de son art, éprouve une avarie ou un revers, il ne doit pas s'en prendre au principe, mais bien à l'oubli de quelques soins indispensables. La non réussite ne peut pas être due au principe puisqu'il est invariable dans ses effets; les echecs ne peuvent donc être attribués qu'au défaut d'attention dans les procédés préparatoires ou dans le mauvais choix de la qualité des aliments : une ébullition négligée, les boîtes de ferblanc mal conditionnées, des flacons mal bouchés, etc., sont des causes immédiates de la perte d'aliments.

Des Vases

APPROPRIÉS AUX CONSERVES ALIMENTAIRES.

Au début de l'invention des conserves alimentaires, l'inventeur, M. Appert, se servait de vases ou bocaux en verres. Mille inconvénients se sont présentés pour le bouchage parfait des vases à grande embouchure ; il fallut alors, pour éloigner la difficulté, adopter les boîtes en ferblanc ou en fer battu.

M. J. Colin, de Nantes, qui, dans cet art, vient se placer immédiatement après l'inventeur, adopta pour base générale les boîtes de ferblanc ; il reconnut que le fer battu ne remplissait pas mieux le but et était beaucoup plus dispendieux que le ferblanc. Chacun comprendra l'avantage des boîtes, quand on se sera bien pénétré que la bonne *conservation* dépend de la célérité que l'on doit apporter dans la préparation des conserves alimentaires. Pour certains aliments, les boîtes sont préférables aux bocaux de verre, par la possibilité d'y mettre les mets chauds et par la facilité de souder les boîtes immédiatement et de les mettre promptement au bain-marie pour leur faire subir l'ébullition nécessaire à leur *conservation*.

Application au bain-marie

DES BOITES EN FERBLANC.

Après avoir hermétiquement fermé les boîtes, on les range dans une chaudière, puis on verse de l'eau de manière à les couvrir ; on adapte le couvercle ; la chaudière doit être fermée le plus juste possible. Le bain-marie ainsi disposé, on met le feu et on chauffe ; on fait atteindre à l'eau le degré de l'ébullition, et on continue ce degré de chaleur pendant tout le temps fixé par notre traité pour chaque aliment ; alors, on peut retirer immédiatement les boîtes de la chaudière.

On reconnaît facilement si l'on a obtenu le résultat désirable, si les boîtes sont bonnes ; dans ce cas, les fonds des boîtes, au sortir de la chaudière, doivent être convexes, et deviennent concaves au refroidissement ; si, au contraire les boîtes sont restées dans le même état que lors de leur application au bain-marie, cela dénote un vice dans leur confection : un trou, une fuite quelquefois imperceptible à l'œil, mais enfin le vice existe et suffit pour empêcher la *conservation* des aliments.

Application au bain-marie

DES BOUTEILLES ET FLACONS.

Les vases de verre étant de nature fragile, demandent, pour subir l'ébullition, beaucoup plus de précaution que les boîtes de ferblanc.

Lorsque les vases sont convenablement bouchés et ficelés, on les entoure de linge ou de paille pour éviter la casse ; on les range dans une chaudière, puis on y verse de l'eau froide jusqu'à l'extrémité supérieure des vases ; on ferme la chaudière avec un couvercle s'y adaptant le plus juste possible.

Le tout ainsi disposé, on met le feu sous la chaudière; on chauffe d'abord modérément; on remarque l'entrée de l'eau au degré d'ébullition et on continue ce degré le temps qu'exige la nature des aliments que l'on veut conserver. Après cette opération on découvre la chaudière; on éteint le feu, et on ne retire les vases que lorsque la chaleur de l'eau permet d'y laisser la main; alors commence l'examen des flacons ou bouteilles, pour reconnaître ceux qui ont éprouvé des avaries pendant l'application au bain-marie, avaries occasionnées, soit par l'action du feu, soit par le défaut d'attention dans les soins voulus.

On ne doit pas remplir exactement les vases, parce que l'action du calorique, opérant la dilatation, ferait sauter les bouchons ou éclater les bocaux.

On doit faire choix de bons bouchons, d'un liége fin, boucher les vases avec précaution et les ficeler fortement.

Bouchage et ficelage des Vases en Verre.

Si, pour certains aliments, l'emploi des boîtes de ferblanc est préférable à celui des vases en verre, par la nature fragile de ces derniers et par la facilité plus grande de fermer hermétiquement les boîtes de ferblanc, il faut convenir que les vases de verre ont leur utilité ; leur emploi est même indispensable pour la bonne *conservation* des fruits dont l'acide décomposerait l'étamage du ferblanc, et rendrait violet par cette décomposition le sirop de sucre qui sert à leur prépaparation.

Bouchage au Liége.

Le bouchage le plus employé est celui au liége ; on a soin de prendre les précautions suivantes : faire choix du liége le plus fin, le faire tremper dans l'eau pour le rendre plus liant, le mâcher pour faciliter l'entrée dans les vases, et dans cette dernière opération, le frapper à l'aide d'une forte palette jusqu'à ce qu'il résiste fortement ; ficeler le bouchon, comme cela se pratique pour le vin de Champagne, soit avec le fil de fer, soit avec une ficelle. Cette préparation est tellement nécessaire, que si on la néglige, à l'application du bain-marie, le bouchon partirait avec violence par la pression intérieure occasionnée par la dilatation qui s'opère dans le contenu des vases lors de l'ébullition.

Bouchage à l'Emeri.

La difficulté de boucher hermétiquement au liége les vases de verre à large embouchure, a nécessité la recherche d'autres procédés.

On se sert du bouchon en verre rôdé à l'émeri ; le bouchon se place à un centimètre en contre-bas de la ligne supérieure de circonférence du goulot ; on coule dessus du plâtre fortement gâché. Lorsque le plâtre est pris, ce qui prend seulement quelques minutes, on fait subir l'ébullition aux flacons en suivant les précautions précitées.

Capsulage au Ferblanc.

Ce genre de bouchage consiste à sceller au métal une virole en ferblanc ; à la partie extérieure du goulot de la bouteille on soude un couvercle en ferblanc.

LÉGUMES (*)

Nous posons en règle générale : Les légumes, pour être conservés, doivent être cucillis le matin à la fraîcheur et travaillés de suite ; le moindre retard serait cause de fermentation.

Artichauts entiers.

Ayez soin de vous procurer des artichauts de moyenne grosseur et très-tendres ; vous les

(*) Dans la préparation de divers légumes, on peut se servir avec avantage et économie de l'eau de sel à la place de beurre fondu. Tels sont les artichauts, les choux-fleurs, salsifis, asperges, cardons, carottes, céléris, chicorées, fèves, haricots en grains et petits-pois au naturel.

Voici à cet effet la préparation de l'eau de sel :

     On prend : Sel Marin...... ...... 50 grammes.

        Eau.................... 1 litre.

La dissolution opérée, on filtre au travers d'un linge fin ou d'un tamis de soie.

parez ; c'est-à-dire, vous coupez le bout des feuilles et vous retirez le foin et les petites feuilles de l'intérieur. Cette opération se fait à l'aide d'une fourchette, ainsi : après avoir coupé le bout des feuilles, vous introduisez les dents de la fourchette jusqu'au fond, et vous tournez la fourchette de manière à arracher le foin, ce qui s'opère très-facilement.

Lorsque vos artichauts sont parés et nettoyés, vous les jetez à l'eau froide, dans laquelle vous avez eu soin de mettre un peu d'alun à dissoudre ou un filet de vinaigre pour empêcher le légume de noircir; vous les retirez et vous les plongez ensuite dans l'eau bouillante ; vous donnez cinq minutes de bouillon; vous retirez vos artichauts et vous les jetez de nouveau à l'eau froide; lorsqu'ils sont refroidis, vous les mettez en boîtes, vous les arrosez d'eau de sel ou de beurre fondu ; vous fermez et vous donnez une heure et demie de bouillon au bain-marie.

Fonds d'Artichauts.

Vous parez les fonds d'artichauts, préparation qui consiste à couper les feuilles et à retirer le foin ; vous les jetez aussitôt dans une terrine remplie d'eau froide, dans laquelle vous aurez eu soin de mettre un peu d'alun à dissoudre pour empêcher les fonds d'artichauts de noircir ; vous les retirez et vous les plongez dans l'eau bouillante, vous donnez cinq minutes de bouillon ; vous les plongez de nouveau à l'eau froide pour les raffermir ; lorsque les fonds d'artichauts sont refroidis, vous les mettez en boîtes, vous versez dessus du beurre fondu ou de l'eau de sel ; vous fermez et vous donnez une heure et demie de bouillon au bain-marie.

Asperges naturelles ou au beurre.

Vous faites choix d'asperges très blanches et nouvellement cueillies du matin ; vous les grattez comme pour l'usage ordinaire ; vous avez eu soin de préparer une bassine remplie d'eau bouillante ; vous y plongez vos asperges et vous leur donnez deux minutes de bouillon pour leur enlever l'âcreté et conserver leur blancheur ; vous les retirez et vous les jetez immédiatement à l'eau froide pour les raffermir par la transition subite du chaud au froid ; vous arrangez ensuite vos asperges en boîtes, vous arrosez d'eau de sel. Vous pouvez remplacer l'eau de sel par le beurre fondu ; mais ce dernier coûte plus cher et ne remplit pas mieux le but de conservation.

Vous remplisez les boîtes seulement au deux tiers de leur capacité ; vous fermez et vous donnez une heure de bouillon au bain-marie.

Cardons.

Vous nettoyez les cardons et vous les jetez ensuite à l'eau froide ; vous les retirez et vous les plongez à l'eau bouillante pour leur donner cinq minutes de bouillon ; vous les enlevez et vous les faites égoutter ; vous les mettez ensuite en boîtes ; vous versez de l'eau de sel, du jus de viande ou du beurre fondu ; vous fermez et vous portez au bain-marie pour donner une heure de bouillon.

Carottes naturelles ou au jus.

Conservez des carottes nouvelles, c'est-à-dire de primeur ; ne prenez point des carottes trop grosses : les carottes de moyenne grosseur sont les plus convenables pour la bonne conserve.

Vous parez simplement les carottes sans les gratter ; vous les jetez ensuite dans une bassine remplie d'eau bouillante, et vous leur donnez cinq minutes de bouillon ; vous les retirez et vous les mettez en boîtes ; vous arrosez d'eau de sel, de jus de viande ou de beurre fondu ; vous fermez et vous donnez deux heures de bouillon au bain-marie.

Céléri.

Après avoir nettoyé le céléri, vous le jetez à l'eau froide ; vous le retirez et vous le plongez dans l'eau bouillante pour lui donner cinq minutes de bouillon ; vous le replongez après à l'eau froide et vous faites égoutter ; vous mettez en boîtes, vous arrosez d'eau de sel ou de jus de viande ; vous fermez et vous mettez au bain-marie pour donner deux heures de bouillon.

Cèpes.

Nous conseillons la plus grande attention dans le choix des cèpes ; au moindre doute sur leur qualité, ils doivent être jetés.

Après s'être procuré des cèpes, on les nettoie et on les pare soigneusement ; si le cèpe est gros ou de moyenne grosseur, il est utile de séparer le pied pour le nettoyer avec plus de facilité ; la séparation du pied donne, du reste, plus de sécurité pour la qualité, car on s'aperçoit aisément si le cèpe est mauvais, l'intérieur, dans ce cas, en étant spongieux ou verreux.

Ainsi préparés, vous jetez vos cèpes dans une bassine d'huile bouillante, vous les y faites frire ; vous les retirez et vous les mettez en boîtes ; vous recouvrez d'un hachis de fines herbes ; vous arrosez d'huile d'olive surfine ; vous fermez et vous donnez deux heures et demie de bouillon au bain-marie.

Champignons.

Vous vous procurez des champignons ramassés le matin ; vous faites choix des plus fermes et des plus formés ; vous les épluchez et les parez avec soin ; vous les jetez ensuite à l'eau froide ; vous les retirez et les mettez à la bassine avec un morceau de beurre frais (cette préparation a pour but de leur faire rendre leur eau de végétation); vous exprimez dans votre bassine le jus de plusieurs citrons pour empêcher les champignons de noircir, vous donnez dix minutes de bouillon ; vous les retirez, vous les faites égoutter et vous les passez une seconde fois à la bassine pour les sauter au beurre ; vous assaisonnez suivant votre goût ; vous mettez en boîtes, vous arrosez avec leur sauce, vous fermez et vous donnez deux heures de bouillon au bain-marie.

Choux-Fleurs.

Après avoir nettoyé vos choux-fleurs, vous les mettez à l'eau froide ; vous les plongez ensuite à l'eau bouillante pour leur faire subir un seul bouillon, ce qui leur ôte la verdeur, c'est ce qu'on nomme blanchir ; vous retirez immédiatement et vous jetez de nouveau à l'eau froide ; vous mettez ensuite en boites et vous préparez comme pour les asperges ; vous fermez et vous donnez une heure de bouillon au bain-marie.

Choux.

Les choux se préparent exactement comme les carottes ; ils se conservent également par deux heures de bouillon au bain-marie.

Chicorée.

Vous blanchissez la chicorée à l'eau bouillante ; vous la plongez ensuite à l'eau froide ; vous faites égoutter ; vous mettez en boites, vous fermez et vous donnez deux heures de bouillon au bain-marie.

Epinards.

Les épinards se conservent de la même manière que la chicorée; vous donnez également deux heures de bouillon au bain-marie.

Fèves.

Vous vous procurez des fèves aussitôt qu'elles entrent en maturité; vous écossez avec le plus de célérité possible; vous avez soin d'assaisonner de l'eau bouillante, suivant votre goût; vous plongez vos fèves dans cette eau pour les blanchir; vous faites subir cinq minutes de bouillon vous retirez et vous jetez à l'eau froide; vous faites égoutter, vous mettez en boîtes, vous fermez et vous donnez deux heures de bouillon au bain-marie.

Haricots verts.

Après avoir épluché et paré vos haricots, vous les jetez à l'eau bouillante; aussitôt que l'eau reprend le bouillon, vous retirez vos haricots pour les plonger à l'eau froide; quand ils sont refroidis, vous les faites égoutter sur un tamis; ensuite vous les mettez en boîtes ou en flacons sans y rien ajouter, ayant soin seulement de les tasser; vous fermez et vous leur faites subir une heure et demie de bouillon au bain-marie.

Par ce procédé, vous conservez toujours les haricots aussi tendres et aussi verts que dans la saison; ils gardent tout leur parfum et ne présentent aucune différence avec les haricots nouveaux.

Haricots en grains.

La facilité de se procurer des haricots secs a fait négliger jusqu'à ce jour les haricots conservés. Ces derniers sont cependant bien supérieurs aux premiers en qualité et en saveur.

Vous vous procurez des haricots de Soissons ou autres, suivant votre goût, quand ils ont atteint leur degré de maturité, alors que la cosse commence à jaunir; vous écossez et vous plongez à l'eau bouillante, vous leur faites subir deux minutes de bouillon; vous les retirez, et après les avoir fait égoutter, vous les mettez en boîtes ou en flacons; vous fermez et vous donnez deux heures de bouillou au bain-marie.

Laitues.

Ayez soin de vous procurer des laitues pommées, vous les nettoyez et les partagez en quatre parties; vous plongez ensuite à l'eau bouillante pour les blanchir et extraire l'eau de végétation qu'elles contiennent; vous faites égoutter et vous mettez en boîtes; vous arrosez de jus de viande ou de beurre fondu; vous fermez et vous donnez deux heures de bouillon au bain-marie.

Petits-Pois au naturel.

Suivant la règle générale pour les légumes, vous vous procurez des petits-pois cueillis le matin avant le lever du soleil. Les petits-pois de primeur sont préférables pour la bonne conserve.

Vous écossez vos petits-pois le plus promptement possible; aussitôt après, vous les plongez à l'eau bouillante; vous activez le feu pour leur faire subir un prompt bouillon; vous les retirez et vous les jetez à l'eau froide; vous les faites ensuite égoutter sur un tamis; lorsqu'ils sont parfaitement égouttés, vous les mettez en boîtes ou en flacons, vous fermez et vous donnez trois heures de bouillon au bain-marie.

Petits-Pois à l'anglaise.

Après avoir écossé vos petits-pois; vous les mettez à l'eau bouillante pour leur donner dix minutes de bouillon; vous faites égoutter sur un tamis; vous assaisonnez de sel, poivre, etc; vous ajoutez cent-cinquante grammes de beurre frais par litre de petits pois; vous les sautez afin d'étendre le beurre, vous mettez ensuite en boîtes ou en flacons; vous fermez soigneusement et vous faites subir trois heures de bouillon au bain-marie.

Petits-Pois accommodés.

Il ne faut pas oublier que les petits-pois doivent être cueillis le matin, et qu'ils soient de primeur. On a soin de faire un choix de légume ni trop fin, ni trop gros : les petits-pois trop fins fondent à cuire ; ceux trop gros ont un goût de fèves.

Après avoir fait votre choix et lorsque vos petits-pois sont écossés, vous les plongez dans l'eau bouillante et vous leur faites subir un seul bouillon ; cette préparation a la propriété de leur enlever le goût d'empyreume que l'on trouve généralement aux petits-pois conservés.

Vous jetez vos petits-pois sur un tamis pour en faire égoutter l'eau, ensuite vous les accommodez suivant vos habitudes de ménage; vous les mettez à la bassine en ajoutant deux cents grammes de beurre frais par litre de petits-pois ;

vous assaisonnez suivant vos goûts (1); vous remuez constamment vos petits-pois à l'aide d'une écumoire pour les faire revenir en leur conservant leur verdeur; quand ils sont à demi cuits, vous les retirez et vous les mettez en boîtes ou en flacons; vous fermez hermétiquement et vous les mettez au bain-marie pour leur donner deux heures et demie de bouillon.

Oseille.

Ayez soin de bien nettoyer et laver votre oseille; vous la faites fondre dans une casserole; vous ne la faites pas trop cuire; vous faites égoutter et vous passez au tamis en pressant avec la main; vous mettez ensuite en bouteilles; vous bouchez et vous donnez une heure de bouillon au bain-marie.

Salsifis.

Vous faites choix de salsifis beaux et tendres; vous les grattez et les nettoyez; vous les jetez

(1) Nous croyons inutile de donner la manière d'assaisonner : quelques personnes aiment chaque aliment fortement assaisonné et d'autres moins : l'habitude et le goût de chaque ménage prévalent sur l'assaisonnement que nous indiquerions.

ensuite à l'eau froide, puis vous les plongez à l'eau bouillante pour leur donner cinq minutes de bouillon ; vous les retirez et les mettez à l'eau froide ; lorsqu'ils sont refroidis, vous les mettez en boîtes ; vous arrosez d'eau de sel, vous fermez et vous donnez deux heures de bouillon au bain-marie.

Tomates.

Vous prenez des tomates très-rouges et par conséquent très-mûres ; après les avoir nettoyées, vous les coupez en morceaux et vous les faites fondre dans une bassine ; lorsque vos tomates sont entièrement fondues, vous les passez au travers d'un tamis assez fin pour retenir les pépins ; vous mettez votre produit sur le feu et vous le faites reduire jusqu'à la consistance que vous désirez ; vous mettez ensuite en bouteilles, vous fermez et vous faites subir une heure de bouillon au bain-marie.

Truffes.

Après avoir pris grand soin de laver et de brosser les truffes pour en ôter la terre, vous mettez de côté celles inférieures, telles que véreuses, gelées ou musquées.

Votre choix terminé; vous mettez vos truffes en boîtes; vous ajoutez une légère quantité de sel marin; vous fermez et vous donnez trois heures de bouillon au bain-marie.

Pour tirer avantageusement parti des truffes inférieures, si vous n'en avez pas l'emploi de suite, vous les mettez en boîtes; vous les re couvrez de saindoux, vous fermez et vous donnez également trois heures d'ébullition au bain-marie.

FRUITS ^(*)

Abricots entiers.

Vous vous procurez des abricots cueillis le matin ; vous faites un choix de fruit qui ne soit pas trop mûr ; vous essuyez avec un linge fin ; vous faites ensuite quelques piqûres avec une grosse épingle ; cette préparation a pour but d'empêcher que la peau ne parte lors de l'application au bain-marie.

Vous mettez les abricots en flacons ; vous versez dessus du sirop de sucre, vous bouchez et vous donnez dix minutes de bouillon au bain-marie.

Abricots en quartiers.

Après avoir fait choix de beaux abricots qui ne soient pas trop mûrs, vous les coupez en quar

(*) Voir l'article sirop de sucre.

tiers et vous retirez le noyau ; puis, vous enlevez la peau le plus mince possible ; vous mettez en flacons au fur et à mesure que vous pelez ; vous versez dessus du sirop de sucre, vous bouchez et vous donnez cinq minutes de bouillon au bain-marie.

Brugnons.

Le brugnon doit se conserver mûr, sa nature étant ferme et lui permettant mieux de supporter l'action de la chaleur.

Après avoir fait un choix convenable de brugnons, et les avoir piqués comme les abricots, vous les mettez dans une bassine remplie d'eau, sur un feu doux, en ayant soin de remuer constamment. Lorsque les brugnons viennent à surnager, vous les enlevez avec une écumoire ; puis vous les plongez à l'eau froide ; vous mettez en flacons ; vous arrosez de sirop de sucre, vous bouchez et vous mettez au bain-marie pour donner dix minutes de bouillon.

Cerises.

Vous faites choix de cerises rouges sans être trop mûres ; vous coupez le pied aux deux tiers ;

vous faites quatre ou cinq piqûres avec une épingle, pour empêcher que le fruit ne parte au bain-marie.

Ainsi préparées, vous mettez vos cerises à l'eau fraîche, puis vous les mettez en bouteilles ; vous tassez légèrement ; vous versez du sirop de sucre, vous bouchez et vous arrangez vos bouteilles dans une bassine remplie d'eau froide ; vous chauffez graduellement. Lorsque l'eau bout, vous laissez deux minutes ; vous retirez immédiatement le feu ou plutôt votre bassine. Pour éviter la casse occasionée par l'action subite de l'eau froide, vous laissez refroidir dans la bassine.

Coings.

Après avoir fait choix de coings tréssains et trésmûrs, vous les essuyez avec un linge fin pour leur enlever le duvet cotonneux qui se trouve à leur surface ; puis vous les coupez en quartiers ; vous mettez ces quartiers à l'eau froide, dans laquelle vous mettez un peu d'alun à dissoudre ; vous mettez ensuite en flacons ; vous arrosez de sirop de sucre, vous bouchez et vous portez au bain-marie pour donner une demi-heure de bouillon.

Fraises.

Pour conserver la fraise dans sa fraicheur, il ne faut négliger aucun des soins qu'exige sa préparation ; ainsi, la fraise doit être cueillie le matin et travaillée immédiatement.

Après avoir fait choisir des fraises très-saines, bien rouges sans être trop mûres, vous les parez, puis vous les lavez dans un sirop de sucre très-léger ; vous les mettez ensuite dans les flacons destinés à les recevoir ; vous arrosez avec un sirop préparé pour cet usage, comme suit : le sirop de sucre clarifié, vous le colorez à l'aide du suc de mérise *(voir l'article sirop)*; après avoir bouché vos flacons hermétiquement, vous les mettez à la bassine d'eau froide ; puis vous chauffez graduellement. Quand l'eau prend son premier bouillon, vous retirez le feu, vous avez soin de laiser refroidir l'eau avant de retirer vos flacons, pour éviter la casse occasionée par l'action subite de l'air froid sur le verre chaud.

Framboises.

Vous prenez toujours du fruit cucilli le matin ; vous le lavez dans un sirop de sucre très léger, vous mettez en flacons, vous arrosez de sirop de sucre, vous bouchez et vous prenez les mêmes soins que pour les fraises.

Groseilles rouges et blanches en grappes.

Vous vous procurez des groseilles qui ne soient pas trop mûres ; vous faites choix des plus belles grappes ; vous les mettez aussitôt en bouteilles, en ayant soin que les vides se remplissent ; vous laissez cinq centimètres de vide calculés au-dessous du bouchon ; vous versez du sirop de sucre ou du suc de groseilles, à votre choix ; vous bouchez et vous mettez dans une bassine d'eau froide. Vous prenez alors les mêmes soins que pour les fraises.

Groseilles en grains.

La conservation des groseilles en grains s'opère de la même manière que pour les groseilles en grappes. Les groseilles en grains sont supérieures à celles en grappes, en ce qu'on supprime les grappes qui, donnent toujours un goût d'âpreté.

Marrons.

Vous faites griller légèrement les marrons, vous faites attention qu'ils ne soient pas tachés de brûlures ; vous les pelez, vous les mettez en boîtes, vous fermez et vous faites subir une heure et demie de bouillon au bain-marie.

Les marrons cuits dans un vase chauffé à la vapeur sont préférables ; ils ne sont pas brûlés et conservent leur fermeté; on leur donne également une heure et demie au bain-marie.

Mûres.

Vous prenez des mûres cueillies le matin, vous les mettez immédiatement en bouteilles ; vous arrosez de sirop de sucre, vous bouchez et vous portez à la bassine en prenant les mêmes soins que pour les fraises.

Pêches entières.

Vous vous procurez des pêches de magdeleine, de garance, de grosse-mignonne ou de calande, dont la peau soit d'une belle couleur vive, rouge et jaune; les pêches dont la peau est verdâtre sont d'une qualité inférieure.

Après avoir fait votre choix, vous essuyez vos pêches l'une après l'autre avec un linge fin ; vous leur faites cinq ou six piqûres avec une grosse épingle; vous les mettez dans une bass ine contenant du sirop de sucre très-léger ; vous portez votre bassine sur un feu doux ; vous agitez afin de chauffer le fruit également dans toutes ses parties. Aussitôt que les pêches montent à la surface du liquide, vous les retirez et vous les plongez de nouveau à l'eau froide ; lorsqu'elles sont refroidies, vous les mettez avec précaution en flacons ; vous versez du sirop de sucre, vous bouchez et vous portez au bain-marie pour donner dix minutes de bouillon.

Pêches en quartiers.

Vous mettez dans le choix des pêches les mêmes soins que pour celles à conserver entières ; vous les coupez en quartiers, vous sortez le noyau, vous pelez les quartiers et vous les mettez à l'eau froide, dans laquelle vous aurez eu soin de mettre un peu d'alun à dissoudre : cette préparation conserve la blancheur de la pêche. Vous mettez ensuite en flacons ; vous versez du sirop de sucre, vous bouchez et vous donnez cinq minutes de bouillon au bain-marie.

Poires.

Les variétés des poires sont si considérables,

qu'elles nécessitent plusieurs changements dans leurs modes de préparation.

Ainsi, les poires à cuire et celles de nature ferme, comme le bisé, le chat-grillé, etc., exigent qu'on les fasse bouillir cinq minutes ; puis vous les pelez ; vous les mettez aussitôt en flacons ; vous versez du sirop de sucre, vous fermez et vous portez à la bassine pour donner vingt minutes de bouillon.

Les poires à couteau ou poires fondantes, telles que beurrée, saint-michel, duchesse, etc., ne supportent pas le bouillon que l'on fait subir aux précédentes.

On pèle les poires ; on les met sans autre préparation en flacons ; on verse du sirop de sucre, on bouche et l'on donne dix minutes de bouillon au bain-marie.

Pommes.

Les pommes de toutes variétés, soit entières, soit en quartiers, se conservent de la même manière.

Après avoir enlevé la peau, on met en boîtes les pommes entières, et en flacons celles en quartiers ; on verse du sirop de sucre ; on ferme

et l'on porte à la bassine pour donner une demi-
heure de bouillon.

Prunes Reine-Claude.

On cueille les prunes avant le lever du soleil,
quand elles approchent de leur maturité. Après
avoir fait un choix convenable, on coupe le pied
aux deux tiers, et l'on fait quelques piqûres avec
une grosse épingle pour empêcher la peau de
partir à l'action de la chaleur.

On met les prunes dans une bassine de cuivre
contenant de l'eau pure ; on chauffe légèrement,
ayant soin de remuer continuellement avec une
spatule en bois; lorsque les prunes changent de
couleur, on les retire et on les laisse refroidir
dans la bassine.

On remet le lendemain la bassine sur un feu
très-doux, et l'on chauffe assez légèrement pour
qu'on puisse tenir la main dans l'eau ; on remue
constamment ; les prunes reprennent la couleur
verte qu'elles avaient perdue ; alors on les retire
de la bassine et on les plonge à l'eau froide; on
met ensuite les prunes en flacons; on verse du
sirop de sucre, on bouche et l'on donne dix minutes de bouillon au bain-marie

Prunes mirabelle.

Les prunes mirabelle n'exigent, pas comme les autres variétés, qu'on les passe à l'eau chaude.

Après avoir fait un choix convenable de prunes, on leur fait quelques piqûres avec une épingle; on les met ensuite en flacons ; on arrose de sirop de sucre, on bouche et l'on donne cinq minutes de bouillon au bain-marie.

VIANDES

Pour bien conserver les viandes, nous croyons utile de faire observer qu'elles doivent être nouvellement abattues et travaillées avec le plus de célérité et de propreté possibles. On doit surtout éviter les temps orageux ; le fluide électrique, cause éminente de décomposition, est sans aucun doute nuisible à la bonne conservation, qui devient impossible au moindre principe de fermentation.

Bœuf bouilli.

Après avoir désossé les viandes, condition première de bonne conservation, vous mettez les os au fond de votre bassine et les viandes par-dessus ; vous ajoutez un litre d'eau par kilog. de viande.

Lorsque la viande est à demi cuite, vous la retirez et vous la faites égoutter sur un crible.

Vous mettez alors vos légumes dans la bassine et vous faites réduire votre bouillon d'un tiers ; vous assaisonnez suivant vos habitudes de ménage.

Pendant ce temps, le bœuf que vous avez retiré à demi-cuit a été mis en boîtes ; vous versez dessus le bouillon que vous venez de faire réduire ; vous fermez les boîtes et vous les mettez à la bassine pour leur donner trois heures de bouillon.

Notre but n'étant pas de faire un traité sur l'art du cuisinier, mais bien sur l'art du conservateur, nous nous bornerons à donner les moyens les plus économiques, quoique très-bons, de conserver chaque aliment.

Chaque personne qui veut conserver, prépare et assaisonne suivant ses habitudes et son goût, ayant soin de suivre notre traité pour les temps de cuisson et les heures d'ébullition ; bref, pour ce qui ressort de la conservation.

Les viandes dont le détail suit, se conservent de la même manière que le bœuf bouilli et supportent le même degré d'ébullition ; cependant cette règle subit quelques exceptions : nous les signalons, en mettant avec le nom de l'aliment exceptionnel le temps d'ébullition.

Bœuf.

Bœuf bouilli.
— rôti.
— en daube.
— à l'écarlate.
Filet de bœuf.
Beefteck.

Langue de bœuf.
Cervelle.
Gras-doubles.
Moëlle.
Rognons, etc.

Veau.

Fricandeau.
Ris de veau.
Côtelettes.
Tendons.
Veau rôti.
Veau aux petits-pois.
Veau aux pointes d'asperges.

Veau à l'oseille.
Veau à la chicorée.
Veau en rouelle.
Tête de veau.
Fraise de veau.
Veau braisé.
Veau en carbonnade, etc.

Mouton.

Emincé de mouton.
Gigot de mouton.
Mouton en carbonnade.

Langue de mouton.
Côtelettes de mouton.
Rognons.
Hachis, etc.

Agneau.

Agneau rôti.
Agneau truffé.
Agneau sauté.

Côtelettes, 2 heures de
bouillon au b.-m.
Blanquette, etc.

Cochon.

Andouillettes
Cervelas.
Boudins noirs.
Boudins blancs.
Pieds de cochon.
Rillettes.
Saucisses.
Filets mignons.
Lard aux choux.
Lard bouilli.

Galantine.
Galantine truffée.
Jambon.
Jambonneau de Rheims
Saucisson.
Saucisson truffé.
Hure de cochon.
Hure de cochon truffée
Cochon de lait, etc.

VOLAILLE

Vous préparez la volaille avec soin suivant l'usage pour lequel vous la destinez , soit rôtie, farcie aux truffes , sautée , etc.; après l'avoir fait cuire à demi, vous la mettez en boîtes, vous l'arrosez de sa sauce ou de son jus; ensuite vous lermez les boîtes, et vous les portez immédiatement au bain-marie.

Il existe des différences dans le temps d'ébullition entre certaines volailles; ces différences ne sont dues qu'à la grosseur de l'aliment, le calorique mettant plus longtemps à pénétrer dans l'intérieur d'un gros objet que d'un petit. Il est donc utile, pour obtenir une conservation parfaite, de ne pas s'écarter des heures d'ébullition désignées à chaque aliment que l'on veut conserver.

Pigeon rôti, sauté, etc., 2 heures de bouillon
Poulet   —   2 h. 1/2 de bouillon.
Dinde   —   3 heures de bouillon.
Pintade   —   3   —
Poularde   —   3   —
Canard   —   3   —
Oie   —   3   —

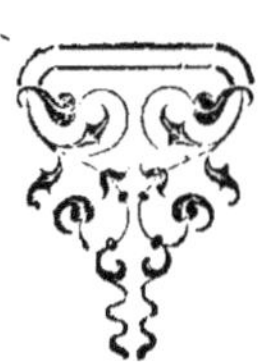

GIBIER

Le gibier demande les mêmes soins que la volaille ; les moyens de conservation sont en tous
points semblables.

Après avoir préparé, assaisonné et cuit à
moitié le gibier, on met en boîtes ; on arrose
de jus ou de sauces que l'on désire ; on ferme et
on porte au bain-marie pour donner les heures
de bouillon comme suit :

Gibier à poil.

Lièvre entier........... 3 heures de bouillon.
Civet de lièvre......... 3   —
Cul de lièvre piqué...... 3   —
Filet de lièvre......... 2 h. 1/2 de bouillon.
Levraut sauté......... 2 h. 1/2   —
Lapin entier........... 3 heures de bouillon.
Lapereaux sautés....... 2 h. 1/2 de bouillon.
Filets de lapereaux...... 2 h. 1/2   —

Venaison.

Filet de sanglier........ 3 heures de bouillon.
Côtelettes de sanglier.... 3   —
Hure de sanglier........ 3   —
Côtelettes de chevreuil... 3   —
Filet sauté de chevreuil... 3   —
Cerf................. 3   —
Daim................. 3   —

Gibier en général.

Alouettes .... 2 heures de bouillon.
Bécasses............. 2 h. 1/2   —
Bécassines........... 2 heures de bouillon.
Cailles.............. 2   —
Canards sauvages....... 3   —
Coq de bruyère........ 3   —
Faisans.............. 3   —
Gelinottes............ 3   —
Grives............... 2   —
Muriers.............. 2   —
Perdrix.............. 2   —
Pluviers............. 2   —
Poule d'eau........... 3   —
Ramiers.............. 2   —
Rouges-gorges, etc...... 2   —

SALMIS

Nous ne saurions trop recommander de ne
pas oublier de prendre les soins voulus pour
la préparation première des mets que l'on désire
conserver. Les salmis particulièrement exigent
deux préparations dans lesquelles on doit apporter
toute la célérité possible pour bien réussir pour
la conservation.

Après avoir préparé, assaisonné et fait cuire à
moitié le salmis, vous le mettez en boîtes; vous
fermez et vous portez au bain-marie pour donner
le temps de bouillon comme suit :

Salmis d'alouettes....... 2 heures de bouillon.

—	de bécasses......	2	—
—	de faisans.......	2	—
—	de lièvre........	2	—
—	de perdreaux.....	2	—
—	de sarcelles......	2	—

Salmis de bécassines.... 2 heures de bouillon.
— de cailles........ 2   —
— de pluviers...... 2   —

PÂTÉS

Les pâtés sans exception se conservent de la même manière.

Les foies gras, que nous plaçons dans cette catégorie, ne permettent pas, par leur nature fondante, de leur faire subir une ébullition aussi prolongée que pour les pâtés.

L'aliment préparé se cuit à moitié, est mis en boîtes que l'on ferme hermétiquement, et on met à la bassine pour lui donner le temps de bouillon suivant :

Pâté d'alouettes........ 3 heures de bouillon.

  — d'anguilles........ 3   —

  — de bécasses....... 3   —

  — de bécassines...... 3   —

  — de cailles.......... 3   —

  — de carpes.......... 3   —

  — de jambon......... 3   —

Pâté de homard........ 3 heures de bouillon.
  — de lièvre........... 3   —
  — de levraut......... 3   —
  — de perdreau....... 3   —
  — de pluviers........ 3   —
  — de saumon........ 3   —
  — de sardines....... 3   —
  — de veau.......... 3   —
  — de mauviettes..... 3   —
  — de lapereaux...... 3   —
  — de faisans........ 3   —
  — de foies gras de
     Sirasbourg.... 3   —
  — de foies gras de Tou-
     louse.......... 3   —
Terrine de Nérac....... 3   —
   — de Périgueux ... 3   —
   — d'Angoulême.... 3   —
   — de Ruffec....... 3   —
Foies gras de Strasbourg. 2   —
   — de Toulouse... 2   —

POISSONS

Vous préparez votre poisson suivant vos habitudes de ménage ; vous avez soin de ne le faire cuire qu'au tiers ; vous le mettez en boîtes, vous fermez et vous faites subir deux heures de bouillon au bain-marie.

Par ce degré d'ébullition vous conservez :

Anguilles en matelote.

Brochet en matelotte.

— au bleu.

— à l'huile.

(1 h. et demie de bouillon.)

Carpes en matelote.

— truffées.

— à l'huile.

— au beurre.

Dorade à l'huile.

Dorade au beurre.

Grondins à l'huile ou au beurre.

Lubine au bleu.

— à l'huile.

— au beurre.

Lamproie, sauce au vin

— au poireaux.

Maquereaux à l'huile.

— à la maître-d'hôtel.

Soles à l'huile (filets de)	Thon au beurre.
Merlans , filets sautés ou frits.	— mariné.
	Turbot à l'huile.
Thon à l'huile.	Turbot au beurre, etc.

Alose et Saumon.

L'alose et le saumon se conservent de la même manière : après avoir coupé en tranches, vous faites griller sur un feu doux ou frire dans un bain d'huile ; vous mettez ensuite en boîtes et vous versez de l'huile d'olive surfine ; vous fermez et vous mettez au bain-marie pour donner deux heures d'ébullition.

Alose et Saumon au bleu.

Vous aromatisez fortement de l'eau avec du persil , oignons, thym, laurier, poivre, sel , etc. ; vous mettez cette eau sur le feu ; lorsqu'elle bout, vous y plongez votre poisson et vous lui donnez dix minutes de bouillon ; vous retirez le poisson, vous mettez en boîtes, vous versez dessus le bouillon de cuisson, vous fermez et vous donnez deux heures de bouillon au bain-marie.

Alose et Saumon entiers et à l'huile.

Après avoir vidé, nettoyé et bien lavé le poisson, vous l'essuyez avec soin ; vous garnissez l'intérieur avec une farce composée suivant votre goût, soit truffée, soit non truffée ; après avoir ainsi garni le poisson, vous attachez le ventre et vous faites griller sur un feu très-doux ; vous devez prendre le soin de tourner souvent et de beurrer à chaque fois. Quand le poisson est à moitié cuit, vous mettez en boîtes et vous versez dessus, soit de l'huile, soit du beurre fondu, soit simplement de l'oseille préparée; vous fermez et vous donnez quatre heures de bouillon au bain-marie.

Homard.

Vous aromatisez fortement de l'eau avec persil, oignons, thym, laurier, poivre, sel, etc ; vous mettez le homard dans cette eau, lorsqu'elle bout; vous l'y faites cuire ; vous mettez ensuite votre homard en boîtes, soit entier, soit partagé en deux ; vous remplissez les boîtes avec l'eau de cuisson, vous fermez et vous donnez trois heures de bouillon au bain-marie.

Chevrettes de mer et Ecrevisses.

Par le même procédé que pour les homards, vous conservez les chevrettes de mer et les écrevisses.

Si vous voulez conserver, soit à l'huile, soit au beurre, le procédé est le même ; seulement, lorsque vous mettez en boîtes, au lieu de les remplir avec l'eau de cuisson, vous mettez au beurre fondu ou de l'huile, vous fermez et vous donnez deux heures de bouillon au bain-marie.

Sardines à l'huile.

Pour la préparation de la sardine, il y a tant de systèmes pour atteindre le même but, que nous croyons inutile de donner les détails de tous ces systèmes ; nous donnons cependant les meilleurs à suivre.

M. Jh. Colin, fut le premier qui livra au commerce la sardine conservée à l'huile ; son procédé, sans aucun doute, est le meilleur de tous ceux employés jusqu'à ce jour ; par ce procédé, la sardine conserve sa fermeté, sa blancheur, sans perdre son goût ; enfin, le poisson possède toutes les qualités d'une bonne conservation.

Procédé de M. Jh. Colin.

Après avoir coupé la tête de la sardine et avoir ôté les tripes, on lave à plusieurs fois le poisson ; ensuite, on fait égoutter sur des claies ; lorsque l'extérieur est bien sec, et l'intérieur bien égoutté, on fait frire la sardine dans un bain d'huile d'olive surfine, que l'on change quand on s'aperçoit que l'huile commence à jaunir la sardine.

Lorsque le poisson est frit à point, on le retire et on le pose de manière à ce que l'huile restant dans l'intérieur puisse s'égoutter; quand le poisson est froid, on le pare, c'est-à-dire : on coupe la queue et les nageoires ; alors on met la sardine en boîtes, ayant soin de presser légèrement ; lorsque les boîtes sont remplies, on arrose d'huile d'olive surfine, on ferme et on donne une heure de bouillon au bain-marie.

Sardines à l'huile d'œillette.

Par économie, quelques personnes remplacent l'huile d'olive par l'huile d'œillette ; le travail est absolument le même ; seulement, le gourmet peut facilement en faire la différence au goût ;

l'huile d'œillette devient gommeuse et n'a point
la belle couleur et la limpidité de l'huile d'olive.

Sardines à l'eau.

On prépare encore la sardine en supprimant
complètement l'huile pour la friture ; on fait
passer la sardine à l'eau bouillante comme on
ferait pour un brochet au bleu ; le poisson mis
en boîtes est arrosé d'huile d'olive surfine.

Par ce système, le poisson acquiert, il est
vrai, de la blancheur, mais c'est celle du poisson
noyé ; il est flasque et de mauvais goût ; c'est
donc une mauvaise économie.

Sardines au four.

On conserve encore la sardine en la passant au
four ; ce procédé n'est pas bon, car le poisson
est sec, dur, imperméable à l'huile, et sa chair
est rouge et de mauvais goût. Ce procédé coûte
moins cher, puisqu'on n'emploie pas d'huile pour
le faire, et que, le poisson étant dur, et par conséquent absorbant difficilement l'huile, il en
faut moins pour l'arroser dans les boîtes.

Nous ne conseillons pas ce système, car il est
loin de remplir le but de la bonne conservation.

Procédé du poisson grillé.

Le procédé du poisson grillé est certes le meilleur après celui du poisson frit dans l'huile d'olive. Ce genre de préparation est même préférable pour les ménages, étant très peu dispendieux, très facile en pratique et conservant parfaitement le poisson.

Après avoir vidé, étêté, nettoyé et lavé la sardine, on fait sécher en prenant les mêmes soins que dans le procédé Jh. Colin; on fait ensuite griller sur un feu très doux, évitant que le poisson ne brûle, la moindre tache noircirait l'huile; on met en boîtes, on presse légèrement; on arrose d'huile d'olive surfine, on ferme et on donne une heure de bouillon au bain-marie.

Sardines au beurre.

Après avoir préparé la sardine, on la fait griller sur un feu doux; lorsqu'elle est légèrement grillée, on la met en boites; on l'arrose alors avec du beurre frais fondu sur un feu doux; on ferme et on porte au bain-marie pour donner une heure et demie de bouillon.

Nota. — Si l'on préfère faire frire la sardine,

on emploie le bain d'huile pour éviter de se servir du beurre roux, qui produit très mauvais effet.

Sardines crues.

Après avoir préparé la sardine, on la fait égoutter parfaitement ; lorsque le poisson est entièrement sec, on le met en boîtes, on presse légèrement, on ferme et on donne une heure et demie de bouillon au bain-marie.

Nous croyons inutile de parler de la sardine séchée dans une étuve ; ce n'est que du poisson cru sur lequel on verse de l'huile.

POTAGES

Bouillon gras.

Vous réduisez le bouillon au degré que vous le désirez, vous le mettez ensuite en boîtes ou en bouteilles; vous fermez et vous donnez une heure de bouillon au bain-marie.

Gelée de viande.

Vous réduisez la gelée autant que vous le désirez ; vous mettez en boîtes, vous fermez et vous donnez une heure de bouillon au bain-marie.

Gelées de volaille.

Vous préparez la gelée de volailles comme la

gelée de viandes, et vous donnez le même degré d'ébullition au bain-marie.

Graisse à pâtisserie.

Pour conserver la graisse à pâtisserie, vous devez prendre le soin de vous procurer de la graisse nouvellement obtenue; vous la faites fondre, puis vous mettez en boîtes et vous donnez une heure de bouillon au bain-marie.

Julienne au gras.

Vous vous procurez les légumes suivants : navets, carottes, panais, poireaux, céléri, oseille, haricots verts, petits-pois, pointes d'asperges, fèves et cerfeuil ; vous les ratissez, épluchez et lavez; enfin, vous préparez chaque légume comme d'usage. Vous coupez ensuite les légumes en petits morceaux ; après cette préparation, vous les mettez, à l'exception du cerfeuil, dans une casserole, avec un morceau de beurre frais, ayant soin de toujours remuer pour empêcher les légumes de prendre au fond; vous aurez eu soin de préparer votre consommé, et vous le versez à ce moment dans la casserole ; vous donnez dix minutes de bouillon ; vous jetez alors le cerfeuil haché très-menu et vous donnez un seul bouillon ; vous assaisonnez , vous mettez en boîtes ou vous laissez refroidir pour mettre en bouteilles ; vous fermez et vous portez au bain marie pour donner deux heures de bouillon.

Observations.

Si vous désirez avoir de bonne julienne toute l'année , vous devez profiter de la saison productive, pour conserver au naturel les légumes indispensables pour faire de bonne julienne.

Ainsi les conserves de pointes d'asperges , petits-pois, haricots verts, fèves, etc., faites dans les moments de production , vous donneront en toutes saisons la facilité de vous procurer d'excellente julienne.

Julienne au maigre.

La julienne au maigre se prépare comme celle au gras, avec cette seule différence qu'au lieu de consommé vous versez une purée de pois ou de lentilles ; vous mettez en boîtes ou en bouteilles, vous fermez et vous donnez deux heures d'ébullition au bain-marie.

Beurre frais.

Procurez-vous du beurre très frais; après l'avoir bien pétri, lavé et essuyé sur un linge, vous le mettez en boîtes ; vous pressez fortement à l'aide d'une cuiller de bois pour mieux remplir les boîtes; vous laissez un centimètre de vide pour éviter que, le beurre en fusion, augmentant de volume, ne fasse partir les boîtes ; vous fermez et vous donnez une heure et demie de bouillon au bain-marie.

Deuxième procédé.

Les parties gazeuses qui se précipitent quand le beurre est en fusion, lors de l'application au bain-marie, peuvent donner un goût de rance au beurre qui se trouve en contact avec ce dépôt. Pour obvier à cet inconvénient, nous croyons utile de purifier le beurre avant de le mettre en boîtes ou bouteilles. Vous opérez ainsi : vous faites fondre le beurre dans un vase de métal et à l'aide du bain-marie ; quand le beurre est fondu, vous l'écumez et vous le laissez reposer pour que les parties hétérogènes aient le temps de se précipiter ; alors, vous décantez le beurre avec précaution et vous le coulez en bouteilles ou en boîtes;

vous fermez et vous donnez une demi-heure de bouillon au bain-marie.

Lait doux.

Pour la conservation du Lait doux, on doit se le procurer sortant du pis de la vache; vous le mettez immédiatement sur le feu dans un vase de cuivre et vous donnez vingt minutes de bouillon, vous retirez du feu, vous laissez refroidir, vous passez alors le lait au travers d'un tamis de soie, vous mettez ensuite en boîtes ou en bouteilles, vous fermez et vous donnez une heure de bouillon au bain-marie.

Crème.

La crème se conserve de la même manière que le lait et doit subir aussi une heure d'ébullition au bain-marie.

FRUITS SECS

Prunes et Poires.

Les espèces de prunes les plus propres à être conservées et desséchées sont :

1° La prune de Ste-Catherine ; c'est celle qui prend le plus facilement le blanc ; elle est par cela même le mieux estimée.

2° La prune de Reine-Claude, mais il est impossible de lui donner le blanc.

Parmi les prunes de Ste-Catherine on fait choix des plus belles pour les destiner au blanc ; les autres parviennent à la dessication sans préparation.

Il faut s'attacher à ce que les prunes aient acquis un parfait degré de maturité ; ce qui se connaît à leur couleur jaune bien foncée ; alors un léger mouvement de l'arbre suffit pour les détacher.

Aussitôt que les prunes sont ramassées, on les dépose, ayant la précaution de ne pas les entasser, sur des claies qu'on expose au soleil pendant plusieurs jours, jusqu'à ce-qu'elles deviennent très-molles.

On met les prunes dans un four n'ayant qu'une chaleur tiède, ayant eu le soin de le purger de de tout reste de braise, pour éviter l'embrâsement des claies et la torréfaction des fruits ; on ferme le four pour interdire l'entrée de l'air et on laisse le tout dans cet état pendant vingt-quatre heures.

Après ce temps on chauffe le four à un degré plus élevé d'un quart et l'on remplace les claies. Le lendemain, on les retire en prenant la précaution de remuer les prunes pour les faire changer de côté ; il faut éviter qu'elles ne se trouvent collées, ce qui serait causé par une trop grande chaleur, l'enveloppe de la prune crèverait, et l'intérieur s'en échapperait.

Après cette préparation, on chauffe de nouveau le four pour la troisième fois, mais à un degré de chaleur supérieure d'un quart à la seconde fois ; le lendemain vous retirez les prunes et vous laissez refroidir; elles sont parvenues à la moitié du degré de cuisson qu'elles doivent acquérir lors de leur parfaite dessication.

A ce moment, on donne au fruit une forme carrée après avoir tourné le noyau de travers, ce qui se fait en le pressant entre le doigt et le pouce.

Le four doit être rechauffé pour la quatrième fois, mais au degré qu'il conserve lorsqu'on retire le pain (environ 40 degrés). On remet les claies au four que l'on ferme avec grande précaution avec du mortier ou des herbes; une heure après on retire les claies et on referme le four pendant deux heures, après y avoir placé un vase rempli d'eau; au bout de deux heures, si l'eau est à une chaleur qui permette d'y laisser le doigt, on rapporte les claies au four, et on prend toujours la précaution de bien fermer. On laisse pendant vingt-quatre heures. Les prunes ont acquis alors la couleur blanche voulue; si, par hasard, elles n'étaient pas parfaitement cuites quoique blanches, il faudrait les laisser séjourner dans le four tant qu'il conserverait de la chaleur, sans le rechauffer, autrement le blanc disparaîtrait.

Une qualité des pruneaux secs est qu'ils ne soient pas trop durs; ils sont préférables quand ils sont un peu mous.

Quant aux autres prunes qu'on ne destine pas à subir les préparations précédentes, on les fait dessécher à quatre fois, en augmentant toujours le degré de chaleur; on les appelle pruneaux rouges; ils sont fort bons en compotes.

Lorsqu'on prépare des prunes sèches pour son usage, la chose essentielle est de les faire sécher à propos.

Les prunes de Reine-Claude, de Perdrigon, de Damas violet, de St-Julien, etc., se préparent comme les précédentes.

Poires sèches et autres fruits.

Les poires que l'on croit préférer, parce qu'elles prennent mieux le blond, sont celles de Messire Jean, de Cuisse-Dame, de Beurré blanc, de Beurré gris et de Doyenné.

Toutes les poires en général, sont propres à être desséchées; mais les cinq espéces désignées prennent le blond avec plus de facilité.

Lorsques les poires sont mûres au point d'être bonnes à manger, on les met dans un chaudron ou chaudière d'eau bouillante, où on les laisse pendant vingt-cinq minutes pour les ramollir, alors on les retire et on les fait refroidir sur des rondeaux; on les pèle bien mince en prenant la précaution de ne pas détacher la queue que l'on râcle et dont on enlève la tête.

Pour ne pas laisser perdre le suc qui s'en échappe en faisant cette opération, on se place au-dessus d'un vase où l'on dépose le fruit pour égoutter.

On place les poires sur des claies bien nettoyées, avec la précaution de tourner la queue en haut ; on met au four, qui doit être chauffé au point de chaleur lorsque l'on retire le pain de ménage ; on laisse les claies pendant vingt-quatre heures.

Après ce temps, on retire pour laisser refroidir ; alors on aplatit les poires par la pression des deux talons des mains pour leur donner la forme ordinaire. Celles qui viennent à crever ne sont pas assez cuites et demandent à retourner au four à un degré de chaleur inférieure. Le lendemain, elles seront probablement cuites ; alors on les aplatit.

Après l'aplatissement des poires, on les plonge successivement dans le jus qu'elles ont rendu, dans lequel on met un peu de sucre ou de cassonnade qui ne doit pas être trop noire ; on doit faire bouillir jusqu'à ce qu'il ait la consistance du sirop.

Lorsque les pièces ont toutes été imprégnées de ce sirop, on les retourne sur les claies avec précaution et on remet au four à un degré moindre de chaleur ; on laisse vingt-quatre heures.

On retire pour les repasser dans le sirop ; on remet alors dans le four pour la troisième fois à une chaleur encore plus douce.

Après avoir retiré, on juge après leur refroidissement si les poires sont cuites, ce qui se reconnaît par leur fermeté, sans qu'elles soient trop dures ; dans ce dernier cas, elles ne vaudraient rien ; elles doivent avoir une couleur de café clair et être transparentes.

On fait cuire de la même manière les pêches, avec cette seule différence qu'on ne les fait pas bouillir et qu'on les pèle crues ; on les dépouille de leurs noyaux après les avoir passées une fois au four ; on les presse comme les poires dans un sirop fait avec du sucre ; on doit avoir l'attention de ne pas porter la chaleur du four au même point que pour les prunes.

Raisins secs.

On sait que les raisins, à l'époque de leur maturité, sont recouverts d'un enduit cireux imperméable à l'eau ; c'est ce qui retarde singulièrement leur dessication, et même empêche qu'elle ne soit parfaite. Pour obvier à cet inconvénient,

on immerge à deux ou trois reprises les grappes
de raisin dans une lessive bouillante , ce qui dissout facilement l'enduit cireux ; ce procédé remplit bien le but, mais il reste à la surface des grains
de raisin, une petite quantité de potasse qui les
rend hygrométiques ; l'acide tartrique renfermé
dans le raisin, en se combinant à la potasse, aug-
mente la proportion de tartre qui lui est propre ;
le raisin devient ainsi plus laxatif qu'émollient.
Pour obvier à cet inconvénient, il faut au sortir
de la liqueur alcaline, laver les grappes ' d'abord
dans l'eau acidulée et ensuite dans l'eau pure. On
obtient ainsi des raisins exempts de tous corps
étrangers, d'une dessication facile et comparables
aux meilleurs raisins de Malaga.

La dessication s'opère par les mêmes moyens
que pour les autres fruits.

AUTRE PROCÉDÉ.

Les raisins qu'on destine à cette préparation,
doivent être cueillis dans le même temps que ceux
que l'on veut conserver dans leur état naturel ;
c'est-à-dire qu'il faut qu'ils soient mûrs et cueillis
dans un temps sec.

On fait bouillir dans une chaudière de la lessive claire et nette, mais néanmoins assez forte

pour qu'un œuf puisse surnager ; il serait même
préférable qu'elle fût faite avec de la cendre de
sarment ; lorsque la lessive bout, on en jette sur
chaque raisin, ce qui contribue à l'améliorer et
à le conserver plus longtemps. Si l'on met dans la
lessive assez de safran bien pilé pour qu'elle de-
vienne jaunâtre, alors elle communiquera aux
raisins une qualité supérieure ; on doit alors plonger les grappes de raisin dans la lessive et les retirer sur-le-champ; on replonge jusqu'à ce que le
raisin change de couleur, on le suspend ensuite
dans un endroit où le soleil puisse le dessécher,
de même que le vent; mais il faut qu'il soit à
à l'abri de la pluie et de la rosée. Lorsque les raisins seront parfaitement secs, soit que les grains
tiennent à la grappe ou qu'ils en soient tombés,
on prend les uns et les autres et on les met bien
serrés dans des vases de terre, ou dans des caisses
que l'on tiendra dans un lieu sec. Quelques personnes jettent un morceau de chaux vive dans la
lessive destinée à arroser les raisins, pour savoir
si elle est trop forte ou trop bouillante ; on en diminue l'activité, en y ajoutant de l'eau, jusqu'à
ce qu'elle soit bien tiéde.

On se sert encore d'un autre moyen pour par-
venir au même but. Lorsque les raisins sont bien
mûrs, on choisit les plus gros et surtout ceux dont

les grains sont les plus allongés. On dépouille alors de ses feuilles la vigne qui porte les raisins, de manière que le soleil puisse donner sur les raisins avec la plus grande facilité. On tord les grappes afin que les grains puissent se dépouiller de toute leur humidité. Lorsque les raisins seront bien secs, ils acquerront la même qualité que s'ils eussent été préparés selon la première méthode, et on les conservera de même; il vaut mieux couper les raisins et les suspendre au soleil pour qu'ils se dessèchent; ce moyen est d'autant plus naturel et plus avantageux qu'il y a certains raisins dont la peau est fine, qu'ils ne supporteraient pas la chaleur de la lessive, ou qui s'égréneraient entièrement; c'est même, ce qui leur arrive quand on ne les conserve que pour les manger verts. On tiendra donc les raisins exposés au soleil pendant huit ou dix jours dans les pays chauds, et davantage ailleurs. Lorsqu'ils auront changé de couleur, on les exposera à l'ombre, et ils ne moisiront jamais parce qu'ils auront perdu, par ces différentes préparations toute leur humidité.

Il y a un troisième procédé beaucoup plus prompt; quand on tire le pain du four, on profite de la chaleur qui y reste pendant la nuit, pour dessécher les raisins; on les met à cet effet, sur des tables de bois ou sur des claies; on

trempe ensuite ces raisins de grand matin **dans**
dans un bon moût, les raisins blancs réussissent
mieux que les autres, et on les expose ensuite au
soleil; lorsqu'on reconnaît que les raisins sont
très-secs, on les enferme et on les conserve comme
les autres. Si l'on désire qu'ils soient meilleurs
au goût, on les trempe une seconde fois dans le
même moût et on les fait sécher de nouveau au
soleil; les raisins acquièrent une excellente qualité.

Si l'on veut conserver des raisins secs avec une
plus grande célérité, on agit ainsi: on prend
chaque grappe de raisin et on asperge avec un peu
de vin blanc, on saupoudre les grappes avec de
la cannelle mise en poudre, ou simplement avec du
sucre; on les met dans de petits barils que l'on tient
dans un lieu sec. On doit avoir soin d'envelopper
chaque grappe, après en avoir ôté les mauvais
grains, dans les feuilles de la vigne qui l'a pro-
duite, et de mettre dans les barils ou caisses
quelques branches de cèdre ou de laurier; on doit
même mettre un lit de ces feuilles entre chaque
lit de raisins, parce qu'elles contribuent à leur
conservation et à leur donner une bonne odeur;
ces raisins ainsi préparés sont très-bons.

Quelle que soit la préparation , on aura le
plus grand soin de tenir les raisins dans des vases

très-propres et d'y mêler des feuilles d'oranger, de laurier ou de cèdre ; mais on doit éviter d'y mettre des roses.

On peut faire du vin doux avec ces mêmes raisins en les mettant dans l'eau et en exprimant le suc à la presse ; il faut y ajouter un peu d'eau-de-vie et des aromates, lorsqu'on veut enfermer le vin dans des petits barils.

Conservation des raisins dans l'état naturel.

C'est à tort que le son a été recommandé pour conserver les raisins frais pour l'arrière-saison, en mettant ceux-ci entre deux couches alternatives de cette substance. Lorsqu'une certaine quantité de grains se gâte, il peut s'établir dans la farine qui reste encore dans le son une fermentation telle que tout le raisin serait détérioré. Plusieurs personnes ayant perdu leur provision d'hiver, nous recommandons de préférence l'emploi de la sciure de bois ou de la cendre ; que l'une ou l'autre soit bien tamisée et sèche.

Pour servir en hiver les raisins sans rides et pleins comme s'ils venaient d'être cueillis, il suffit de plonger les grappes pendant 4 ou 5 minutes dans de l'eau tiède. On a soin de bien essuyer entre deux linges, et de n'en préparer que pour un jour.

6.

FRUITS

A L'EAU-DE-VIE.

PRÉPARATION EN GÉNÉRAL.

Cueillette. — Précautions générales.

Les fruits doivent être cueillis un peu avant la maturité parfaite, par un temps sec; on choisit les fruits de nature saine et sans taches; ils doivent conserver un peu d'élasticité, afin de supporter aisément, sans trop s'amollir, un léger degré de cuisson; afin surtout que les fruits à chair tendre ne soient pas altérés par leur séjour dans l'eau-de-vie; un fruit trop mûr se pénètre avec facilité d'une grande quantité de ce liquide, ce qui le rend désagréable à manger.

Blanchiment.

Immédiatement après la cueillette, on prend légèrement chaque fruit ; on le pique avec une épingle à divers endroits jusqu'à son centre, puis on le jette dans de l'eau de puits très-froide ; on plonge après dans un chaudron d'eau bouillante ; on laisse sur le feu jusqu'au moment où le fruit se précipite au fond de la bassine : à cet instant, on couvre le chaudron, on éteint le feu et on laisse refroidir deux ou trois heures ; on ranime ensuite le feu ; le fruit reparaît à la surface de l'eau, alors on l'enlève avec une écumoire au fur et à mesure qu'il surnage (quelquefois on est obligé de forcer le feu sur la fin de l'opération, pour faire monter les derniers fruits). A la sortie de l'eau bouillante, on plonge de nouveau les fruits brusquement dans l'eau froide. Le premier blanchîment fait pâlir les fruits et les amollit, mais le second leur rend la couleur et la fermeté; le second bain d'eau très froide et aussi crue que possible leur donne du brillant et de la fermeté. On doit faire dissoudre un peu d'alun dans l'eau du bain froid : vingt-cinq ou cinquante grammes au plus par seau d'eau; ce sel maintient la couleur du fruit et aide à sa conservation. Ces opérations doivent être faites vivement, si l'on veut obtenir un bon résultat. Le blanchîment, qui enlève le principe d'âcreté contenu dans l'écorce du fruit, supplée à la maturité par une légère cuisson, qui détruit son eau de végétation tout en lui conservant sa forme et sa couleur primitives ; si l'eau n'était pas assez bouillante pour saisir les fruits et concentrer brusquement le jus dans leur intétérieur, ils se mettraient en compôte, ils s'amolliraient, et la peau fendue serait ridée ; dès-lors, ils perdraient une partie de leur charme.

Lorsque les fruits sont bien refroidis, on les retire de l'eau avec précaution, on les fait égoutter sur des linges placés sur des tamis, en les rangeant avec ordre, et pendant qu'ils s'égouttent on prépare les récipients qui doivent les enfermer. Lorsqu'ils sont égouttés, on les place dans des bocaux, puis on les couvre d'eau-de-vie à 22 degrés durant une quinzaine de jours ; après ce temps, on fait s'écouler l'eau-de-vie, puis on mélange avec cette liqueur une partie de sirop de sucre clarifié, ou deux de sucre sur trois d'esprit, si on désire les fruits plus sucrés ; on passe à la chausse et on jette sur les fruits, qui sont bons à manger au bout de deux mois. Préparés selon ces procédés, les fruits ont un léger montant ; ils conservent leur principe aromatique, leur goût, leur couleur, leur fermeté, et générament la liqueur qui les baigne reste limpide et participe au goût du fruit par un échange réciproque du jus du fruit, qui est remplacé dans celui-ci par l'eau-de-vie.

La quantité de sucre employée dans ces sortes de préparations est de 375 à 500 grammes par 2 kilogrammes d'eau-de-vie de 18 à 22 dégrés, et modifiée nécessairement selon la nature aqueuse et sucrée du fruit. Les fruits doivent être entièrement recouverts de liqueur, l'eau de végétation doit être saturée complétement par l'eau-de-vie et le sucre; autrement, la fermentation s'établirait dans les fruits.

On doit les conserver dans un endroit frais, sec et obscur; les vases destinés à les contenir doivent être d'une petite capacité, si on veut les conserver longtemps.

Dans les ménages, on doit suivre un procédé semblable à celui précédent; c'est-à-dire que l'on fait cuire après le premier blanchîment les fruits dans un sirop de sucre à son septiéme bouillon, avant de les mettre dans la liqueur; le mélange se fait du reste selon les proportions indiquées plus avant.

Prunes Reine-Claude à l'eau-de-vie.

Pendant le temps que les prunes sont choisies, piquées et plongées dans l'eau froide, placez une bassine remplie d'eau sur le feu ; alunez l'eau à raison d'un gramme par litre d'eau ; lorsque cette eau bout complétement, jetez-y vos prunes sorties immédiatement de l'eau froide et couvrez-les d'une poignée de fougère fraîche ; lorsqu'elles se précipitent au fond de l'eau, éteignez le feu ; laissez refroidir une heure ; après ce temps , ranimez le feu et enlevez les prunes à mesure qu'elles reparaissent à la surface du liquide ; plongez alors dans de l'eau très-froide ; après les avoir fait égoutter, mettez-les pendant trois semaines dans de l'esprit à 21 degrés, où elles se raffermiront et se conserveront très bien ; lorsque vous voulez les mettre au sucre ou au sirop, mélangez du sucre : deux parties sur trois d'eau-de-vie de prunes, filtrez et conservez dans un bocal. Une macération de trois semaines dans ce sirop est suffisante pour qu'elles soient bonnes à manger.

Quelques personnes mettent les prunes sur le feu avec l'eau , conduisant le feu avec précaution et doucement, et lorsque l'eau commence à bien chauffer, elles jettent l'alun et poussent vivement le feu après que les prunes sont tombées au fond de l'eau, pour les faire arriver à la surface.

Prunes Mirabelles à l'eau-de-vie.

On perce les prunes Mirabelles d'un trou de chaque côte, et on conduit l'opération comme pour la Reine-Claude.

Abricots à l'eau-de-vie.

Les fruits étant choisis et nettoyés, on enlève la queue, puis on enfonce dans cet endroit la pointe d'un couteau, jusque sur le noyau, qu'on agite légèrement afin de le détacher.

On met sur le feu une bassine contenant du sirop très léger; lorsqu'il commence à bouillir, on y jette avec précaution les abricots, en ayant soin de les faire plonger dans les sirops avec l'écumoire.

Lorsque les abricots commencent à fléchir sous les doigts, on les retire du feu, on les fait égoutter; le mélange de l'eau-de-vie et du sirop à la dose indiquée (1) étant fait, on filtre et on verse la liqueur sur les abricots, qui sont rangés sans être pressés dans les vases.

(1) Voir l'article : Blanchiment, page 72.

Pêches à l'eau-de-vie.

PREMIER PROCÉDÉ.

Lorsque les pêches ont été blanchies au sirop comme les abricots, on les retire de la bassine ; on laisse le sirop sur le feu, on clarifie au blanc d'œuf, puis on le jette tout bouillant sur les pêches rangées à cet effet dans des terrines ; elle doivent être plongées entièrement dans le sucre. Après vingt-quatre heures de séjour, on mêle trois parties (poids) d'esprit à 22 degrés à deux de sirop, on filtre et on verse sur les pêches rangées avec soin dans des vases.

DEUXIÈME PROCÉDÉ.

On choisit vingt belles pêches dont la peau soit d'une belle couleur vive, rouge et jaunâtre, car nous avons remarqué que celles dont une partie de la peau est verdâtre et obscure, sont d'une qualité bien inférieure.

Lorsque l'on a fait choix de ces fruits, on les essuie l'un après l'autre avec une serviette fine ; on fait quelques piqûres avec une grosse épingle, et on sépare celles qui sont mûres de celles qui sont plus fermes.

Les pêches étant ainsi préparées, on fait clarifier 1 kilogramme 250 grammes de sucre ; lorsque le sucre est cuit au premier bouillon, on retire le vase du feu; quatre on cinq minutes après on y jette les pêches d'abord les plus fermes ; on les roule dans le sirop avec une cuiller de bois, puis on met le vase sur un feu très doux, on continue d'agiter le fruit de manière qu'il s'échauffe dans toutes ses parties ; on enlève et on met sur un tamis les pêches qui changent de couleur; car c'est à ce signe extérieur et au toucher qu'on connait quand le fruit est suffisamment blanchi.

Après cette opération, on retire le vase du feu, et on remet les pêches l'une après l'autre dans le sirop avec le tamis; vingt-quatre heures après, on met le sirop sur un feu très doux; on agite le vase, en roulant le fruit de temps à autre , et quand le four est passablement chaud, on retire le vase du feu et on répète la même opération quarante-huit heures après ; on laisse refroidir ; on enlève les pêches les unes après les autres ; on les arrange dans des tamis; on verse un litre et demi d'esprit de vin dans le sirop; on agite fortement le mélange ; on le filtre au travers de la chausse de drap, et on verse cette liqueur dans un vase destiné à cet effet ; on y coule les pêches les unes après les autres ; on bouche bien le vase et on le met à part ; on agite doucement de trois jours en trois jours, jusqu'à ce que tous les fruits soient tombés au fond ; deux mois après on y verse encore un demi-litre d'esprit de vin.

Les pêches ainsi confites, conservent leur odeur, leur saveur et leur couleur naturelles pendant fort longtemps.

Poires de Rousselet à l'eau-de-vie.

PREMIER PROCÉDÉ.

Ils n'y a guère de poires plus connues et plus estimées que celles de Rousselet. Cette poire, moyenne de grosseur, assez longue, a la queue mince et peu étendue, le coloris gris-roussâtre d'un côté et rouge-obscur de l'autre, avec quelques endroits verdâtres qui rougissent dans le temps de sa maturité. La chair en est tendre et fine ; son suc est agréable et parfumé ; ces poires mûrissent à la fin d'août et dans les premiers jours de septembre.

Lorsqu'on a fait bon choix de poires, on les pèle avec soin, en conservant la queue dont on coupe l'extrémité ; lorsque cette opération est faite, on jette les poires dans de l'eau qui doit être alunée afin de l'empêcher de noircir ; après une demi-heure de séjour, on les retire pour les précipiter à l'eau bouillante; lorsqu'elles commencent à fléchir sous les doigts, on les retire et on les plonge dans de l'eau froide, dans laquelle on ajoute le jus de quelques citrons; si l'eau s'échauffe, on la remplace par de la nouvelle; lorsque le fruit est entièrement froid, on le fait égoutter, puis on range les poires une à une avec précaution dans des bocaux, et pendant le temps qu'on dispose les fruits, on fait bouillir le sirop qu'on jette bouillant sur les peaux des poires, afin de retenir tout l'arôme du fruit qui est contenu dans ces peaux; on laisse infuser jusqu'au moment ou la liqueur est refroidie.

On ajoute deux parties d'eau-de-vie à 22 degrés à deux de sirop; on passe à la chausse et on coule sur les fruits.

DEUXIÈME PROCÉDÉ.

On prend trois kilogrammes de poires; on les jette dans l'eau froide; on met le vase sur le fourneau, et on chauffe le liquide sans le fairé bouillir, jusqu'à ce que les poires mollissent sous les doigts; mais comme il y a toujours quelques-uns de ces fruits qui mûrissent plus tôt que les autres, quand on aperçoit qu'ils changent de couleur, on les enlève avec une cuiller, et on les jette dans l'eau froide; après cette opération, on ratisse d'abord les queues; on enlève ensuite la peau par petites lames, et on jette le fruit dans un autre vase rempli aux trois-quarts d'eau froide, bien limpide; on fait ensuite clarifier 2 kilogrammes 250 grammes de sucre, qu'on étend d'eau, puis on jette le fruit dans ce sirop et on le fait bouillir pendant un quart-d'heure; on repéte cette opétoutes les vingt-quatre heures pendant trois ou quatre jours; on enlève ensuite les fruits avec une cuiller; on les met sur des tamis, et on verse un litre et demi d'esprit de vin et un quart de litre de bonne eau de fleur d'oranger dans le sirop; on agite fortement le mélange, on le filtre au travers de la chausse; on verse la liqueur dans le vase qu'on met en reserve, et trois mois après on y ajoute encore environ un demi-litre d'esprit de vin.

Cerises à l'eau-de-vie.

On prend quatre kilogrammes de cerises précoces et bien mûres, on les écrase après en avoir ôté la queue, et on concasse les noyaux; on les met dans une bassine de cuivre avec un kilogramme de sucre blanc; on fait bouillir doucement jusqu'à réduction du tiers et jusqu'à consistance d'un sirop; on verse dans un pot de faïence; on ajoute quatre litres d'eau-de-vie à 22 degrés, 122 grammes d'œillets à ratafia ou une douzaine de clous de girofle concassés, plus 4 grammes de cannelle; on bouche hermétiquement le vase et on l'expose au soleil pendant quinze jours ou trois semaines; lors de la maturité des cerises de Montmorency, on passe l'infusion à travers un linge en exprimant le marc; on filtre ensuite à la chausse ou au papier gris, et c'est dans ce ratafia limpide que l'on met les cerises dont on a eu le soin de couper la queue et qu'on pique avec une aiguille; on remet le bocal au soleil pendant trois semaines ou un mois, en ayant soin de bien boucher. Ces cerises s'imprègnent du ratafia aromatisé, conservent leur grosseur et leur couleur et acquièrent une saveur agréable.

Noix vertes à l'eau-de-vie.

Lorsque la coquille de la noix n'est pas assez dure pour résister à la piqûre d'une épingle qui traverse son tissu avec facilité, cueillez et pelez délicatement cette noix jusqu'au moment où vous découvrirez une petite membrane blanche que forme à cette époque la coquille; alors vous la jetez dans de l'eau alunée. Les noix doivent y baigner entièrement ; on a soin de changer l'eau à mesure qu'elle se colore ; après quelques instants, mettez les noix sur le feu dans une bassine d'eau alunée , avec une ou deux poignées de cendres renfermées dans un linge ; laissez le tout bouillir légèrement, assez pour prolonger l'infusion. Sans cesser le feu, retirez-en vos noix, plongez-les à l'eau froide que vous renouvelez trois ou quatre fois, de quart-d'heure en quart-d'heure, lavant chaque fois les noix avec précaution ; laissez égoutter et passez au sirop que vous avez mis sur le feu ; lorsque les noix, touchées légèrement avec une épingle, tombent par leur propre poids au fond de la bassine, elles sont assez cuites ; alors on les retire et on les laisse égoutter. Le sirop rapproché est coupé avec deux parties d'eau-de-vie sur une de sirop ; on passe à la chausse et on coule sur les noix.

Raisins à l'eau-de-vie.

Choisissez de beau et bon raisin muscat, ni trop ni pas assez mûr, détachez les grains les plus gros et les plus sains ; piquez-les de deux ou trois trous, et jetez chaque grain dans l'eau fraîche ; retirez l'eau après quelques instants ; faites égoutter ; essuyez vos grains ; puis écrasez les grains que vous avez laissé de côté et mêlez-en le jus au sirop que vous clarifiez au blanc d'œuf; ajoutez deux parties d'eau-de-vie et une de sirop, filtrez et versez sur les raisins. Conservez dans un lieu frais et obcur.

Muscat à l'eau-de-vie.

On choisit le raisin le plus gros et le plus mûr; on l'égraine et on fait ôter les pepins; on pèse trois kilogrammes de ce fruit, puis on fait infuser quinze grammes de fleurs de sureau dans deux litres d'eau; on passe le liquide au travers d'un tamis ou d'un linge; on casse 2 kilogrammes 125 grammes de sucre par morceaux; on fouette un blanc d'œuf dans l'infusion de sureau; on en verse une partie sur le sucre; on met le vase contenant le sucre sur le feu et lorsque le sirop bout, on verse peu à peu le reste de l'infusion; quand le sirop est clarifié et cuit au huitième bouillon, on y jette le raisin; l'orsqu'alors le contenu est sur le point de bouilllir, on retire le vase du feu; vingt-quatre heures après, on remet le liquide sur le fourneau, on chauffe au même degré; on repéte une fois encore cette opération, et quand tout est refroidi, on ajoute deux litres d'esprit de vin; on agite doucement et longtemps le mélange; on verse ensuite dans un vase qu'on tient bouché; on ne doit en faire usage que trois ou quatre mois après.

Verjus à l'eau-de-vie.

On fait choix du verjus le plus gros; on l'é-
graine, on le monde de ses pépins; on fait clarifier et cuire le sucre au huitième bouillon, et on
suit les mêmes procédés que pour le muscat.

CONFITURES

Confiture de Raisins

SANS SUCRE ET PARFAITEMENT DOUCÉ.

Aussitôt que le moût est préparé, on le fait bouillir dans une chaudière; on le fait parfaitement écumer; lorsqu'il n'y a plus d'écume, on jette du carbonate de chaux (blanc d'Espagne) en poudre et en quantité suffisante pour absorber tout l'acide; on en met même en excès, ce qui ne peut être préjudiciable : 500 grammes de blanc d'Espagne en poudre sur dix litres de moût sont suffisants; on brasse de nouveau et on laisse reposer jusqu'au lendemain matin. Pendant la nuit, le carbonate de chaux s'est entièrement précipité; la liqueur est parfaitement limpide; alors on décante et on fait bouillir rapidement jusqu'à consistance de sirop. A ce moment, on verse dans la chaudière les fruits blanchis et on continue l'ébullition jusqu'à ce qu'ils soient parfaitement cuits; on essaie de temps en temps si le sirop est assez rapproché; pour cela, on en fait tomber une goutte sur une feuille de papier à lettre bien collé, et lorsqu'on ne l'aperçoit pas sur le verso, c'est une preuve que la coction est parfaite, il n'y a aucun danger que la confiture se moisisse.

Cette confiture est délicieuse; tous ceux qui la goûtent, jugent qu'elle a été faite avec du sucre, comparée à celle faite ordinairement dans les ménages.

Raisiné très doux et excellent.

PREMIER PROCÉDÉ.

Le raisiné fait avec toutes sortes de raisins, même dans le Nord de la France, devient aussi doux que celui qu'on extrait des raisins cultivés dans les départements méridionaux, pourvu qu'on suive le même procédé que nous avons indiqué dans l'article précédent : en saturant par le carbonate de chaux (blanc d'Espagne) les acides qu'il contient, jusqu'à ce que le papier teint avec le tournesol ne vire plus au rouge; alors, on y ajoute un excès de blanc d'Espagne en poudre, on laisse reposer, ensuite on décante; on fait éva·porer et réduire en extrait le liquide, jusqu'à ce qu'une goutte chaude mise sur une feuille de papier à lettre bien collé ne perce pas au verso; alors on peut mettre dans les pots, il se conservera parfaitement.

DEUXIÈME PROCÉDÉ.

On prend des cendres de lessive; on les lave à grande eau, jusqu'au moment où cette eau sorte, après dépôt, aussi limpide que quand on l'y a mise; on passe les cendres dans un tamis de soie, et après les avoir fait sécher avec soin, on les met en lieu sec pour s'en servir au besoin.

On prend une quantité de moût prêt à bouillir, déféqué et écumé; on le transvase dans un large baquet, et lorsqu'il est encore chaud on y jette par demi-poignée la charrée ou cendre de lessive. L'emploi de la cendre est préférable au blanc d'Espagne. L'addition de la cendre excite une vive effervescence, et c'est pour cette raison qu'on ne doit la jeter que par parties, et attendre, pour en jeter de nouvelle, que l'effervescence ait cessé; lorsque le moût ne produit plus d'effervescence dans le liquide, on cesse d'y en ajouter;

on fait promptement refroidir le moût en le mettant
dans des vases qu'on plonge dans de l'eau de puits
afin d'arrêter la fermentation; le liquide doit être
décanté, et on enlève avec une cuiller toutes les
parties qui surnagent.

On prend des poires de Messire-Jean, de
Martin-Sec, des coings ou des marmelades faites
avec les fruits tombés dans le cours de la saison.

Les poires sont pelées et coupées par morceaux;
on les fait cuire séparément dans une bassine ou
chaudron couvert avec un litre environ de moût
désacidulé; cette cuisson demande quelques soins
(la vapeur étant plus active que les 100° de chaleur de l'ébullition). On obtient un résultat plus
grand en faisant cuire les fruits en vases couverts;
ils s'amollissent dans leur jus et se sucrent davantage; la poire, promptement cuite par ce
moyen, est ajoutée au moût, qu'on a fait réduire
jusqu'à consistance de raisiné; lorsqu'il est fait
par ce procédé, il offre une confiture aussi bonne
que salubre, et c'est une des bonnes provisions
d'hiver dans le ménage.

On choisit des poires qui ne paraissent pas
bonnes à conserver, on en fait du raisiné qui
offre un très bon dessert, fort peu dispendieux.

GELÉES

Gelée de Cerises.

On prénd des cerises bien mûres, on en exprime le jus, en les pressant fortement dans un linge, on prend autant pesant de sucre que de jus, que l'on fait cuire au cassé ; on mêle le tout et on fait bouillir jusqu'à 32 dégrés ; on écume avec soin et on met en vases.

Gelée de coings.

Coings cueillis sur le point de mûrir 4 k. 500 g.
Eau......................... 7 » 500 »
Sucre........................ 1 » » »

On enlève le duvet qui recouvre les coings, en les frottant avec un linge ; on les coupe, en séparant la peau et les cloisons ; on les fait bouillir dans l'eau jusqu'à ce qu'ils soient bien cuits, on ajoute le sucre à la liqueur, on clarifie au blanc d'œuf; on passe et on évapore en consistance convenable pour que la liqueur se prenne en gelée par le refroidissement; on met alors dans les pots.

Golé o d'Epino-Vinotto.

Quand on a fait bon choix d'épine-vinette, soit deux kilogrammes, on l'égraine et on la jette dans une bassine avec un peu d'eau; on la passe au tamis quand elle a bouilli quelques minutes; on la retire et on en exprime le marc, puis on la passe à la chausse; on ajoute alors 730 grammes de sucre que l'on mêle au jus que l'on fait réduire à consistance de sirop très épais; il faut que cette gelée soit cuite à grand feu et promptement, dans le but de l'empêcher de noircir; on la met en pots et on la conserve comme les autres gelées, en ayant soin de ne la couvrir que lorsqu'elle est froide.

Geléc dc Groscilles.

Pour faire de belle gelée, il faut prendre des groseilles qui ne soient pas très mûres; lorsqu'elles le sont tout-à fait, la gelée est toujours bonne; on est obligé de la clarifier, ce qui ajoute au coup d'œil, mais diminue la bonté, parce que, contenant beaucoup d'eau, il faut la faire bouillir plus longtemps, et la gélation se détruit. Lorsque l'on veut avoir de la gelée moins foncée en couleur, on y ajoute de la groseille blanche, en quantité plus ou moins grande, selon qu'on veut une teinte plus ou moins pâle.

Pour faire une très belle gelée, il faut 750 grammes de sucre par 500 grammes de fruit ; on prend donc 5 kilogrammes de groseilles rouges, 1 kilogramme 200 grammes de groseilles blanches, 9 kilogrammes 300 grammes de sucre, et l'on ajoute 500 grammes de framboises.

On égraine les groseilles, on épluche les framboises ; on fait macérer ces dernières dans une partie de sucre et on met ensemble les groseilles et le sucre concassé en poudre grossière, dans une bassine non étamée ; car si elle l'était, la gelée deviendrait violette ou au moins amaranthe; on fait bouillir à grand feu ; on ne fait durer l'ébullition qu'autant qu'il est nécessaire pour que les groseilles crèvent ; alors, on y jette les framboises, on les plonge avec l'écumoire, on leur laisse essuyer ce qu'on appelle un bouillon couvert, on retire la bassine du feu, et l'on verse tout ce qu'elle contient sur un grand tamis de

crin placé au-dessus d'une terrine pour recevoir
ce qui s'en écoule encore ; on met dans les pots
ce qui a coulé dans la première terrine ; on tord
ensuite dans une serviette ce qui est resté sur le
tamis, et l'on met à part le jus qu'on en retire
ainsi ; il donne une très bonne gelée, mais qui
est un peu louche ; elle perdrait de sa qualité si
on voulait la clarifier.

Gelée de Groseilles à froid.

Il y a des personnes qui préfèrent la gelée de
groseilles sans le secours du feu ; en effet cette
confiture conserve tout son parfum ; la couleur
en est plus belle et la gelée plus transparente.

Voici le procédé qu'on emploie : on écrase les
groseilles avec soin, on les exprime bien pour en
extraire tout le suc qu'il est possible, et on laisse
fermenter pendant vingt-quatre heures ; après cela
on enlève proprement avec une écumoire tout le
chapeau que la fermentation a formé, et qui s'est
rassemblé à la surface ; on filtre au papier Joseph ;
on ajoute des framboises, on n'en met que dans
la même proportion que nous avons indiquée ci-
dessus ; on les écrase et on les exprime en même
temps que les groseilles, afin de les faire fermenter ensemble ; on pèse la liqueur filtrée, et si on

a employé des framboises, on ajoute autant de sucre pilé que de jus ; si l'on n'a pas employé de framboises, on met 60 grammes de moins par 500 grammes; on remue bien avec une spatule ou avec l'écumoire, jusqu'à ce que le sucre soit parfaitement dissous, et de suite on remplit les pots.

Vingt-quatre heures après, la gelée est prise, et elle est d'une diaphanéité parfaite.

Gelée de Groseilles.

AUTRE RECETTE.

Vous clarifiez votre sucre comme il est expliqué; vous mettez 500 grammes de sucre pour autant de fruit ; vous faites cuire votre sucre au cassé et mettez le fruit dans votre bassine, vous donnez deux bouillons couverts ; vous retirez ensuite votre gelée de dessus le feu ; vous la passez au tamis, et vous la mettez de suite dans les pots.

Gelée de Groseilles à la Bourgeoise.

Il faut clarifier votre sucre comme il est expliqué ci-devant. Vous prendrez des groseilles que vous mettrez dans la bassine et vous les ferez fondre sur le feu en donnant un bouillon ou deux;

vous les mettez ensuite à égouter sur un tamis ; vous mesurez le suc des grosseilles, vous mettez autant de sucre clarifié dans une poële ou bassine bien propre ; vous ferez cuire au cassé ; vous mettrez votre jus de groseilles, pour donner deux bouillons couverts ; vous écumerez parfaitement et vous mettrez ensuite dans vos pots.

Quand la gelée est froide, vous la couvrez : vous trempez votre premier papier dans l'eau-de-vie, pour que votre gelée se conserve mieux. C'est ce que vous observerez pour toutes sortes de confitures, de ne jamais couvrir les pots avant qu'elles ne soient froides.

Gelée de Poires.

On a soin de se procurer de belles poires ; on les pèle avec soin ; on les jette dans l'eau au fur et à mesure qu'on les aura pelées et coupées en quatre morceaux , ayant eu soin de mettre le jus d'un ou plusieurs citrons dans votre eau ; lorsque l'on a préparé ainsi la quantité que l'on juge convenable, on met les poires dans une bassine avec assez d'eau pour qu'elles baignent ; on peut se servir de celle dans laquelle on les a jetées après les avoir épluchées.

Quand les poires commencent à se fondre,

on verse tout ce qui est dans la bassine sur un
tamis de crin ; il ne faut pas presser le marc ;
on le laisse seulement égoutter ; on met, dans le
jus qui a coulé, poids égal de sucre très blanc, et
l'on verse le tout dans la bassine ; on fait bouillir
rapidement, jusqu'à ce que, en jetant quelques
gouttes de jus sur une assiette de faïence, ou
dans une cuiller d'argent, on voie qu'elles se
figent, et que, sans être tout-à-fait froides, elles
se déplacent peu quand on incline l'assiette ou
la cuiller ; il est temps alors de retirer la gelée
du feu ; mais avant, il faut y jeter de l'écorce de
citron, coupée en petits filets étroits et minces ;
on les laisse bouillir une minute ou deux ; on retire ces filets avec une écumoire ; on remplit les
pots avec la gelée, et l'on distribue par dessus les
filets d'écorce de citron.

Gelée de Pommes.

Prenez des pommes de rainette de belle qualité, et faites en de la gelée par le même procédé
que pour la gelée de poires.

MARMELADES

Marmelade d'Abricots.

En employant des abricots communs, 500 grammes de sucre peuvent suffire, et avec 375 grammes la marmelade sera très belle ; mais si l'on emploie des abricots-pêches, il faut, pour avoir une belle marmelade , 500 et même 525 grammes de sucre par 500 grammes de fruits ; on prend des abricots très mûrs, on les fait macérer avec le sucre ; on les fait cuire, on les passe au tamis de crin en frottant avec une cuiller ; on y jette les amandes des noyaux, après avoir ôté la péau ; on brasse bien le tout pour les répandre un peu partout ; on met en pots. On ne pèle par les abricots

Marmelades de Cerises.

Quand on a fait choix de 2 kilogrammes de cerises d'une belle couleur rouge, transparente , qui soient bien saines et d'une saveur agréable, on les monde de leur queue et on en sépare les noyaux ; alors, on prend 1 kilogramme de sucre que l'on réduit au cassé, ayant eu soin de le clarifier au blanc d'œuf ; on met les cerises dans le sirop et l'on fait bouillir ensemble jusqu'à ce que la marmelade s'épaississe à consistance de colle ; on la retire du feu et on la met dans les pots ou vases quelconques.

Marmelade de Fraise.

Quand on a fait un bon choix de fraises, on les monde de leur queue ; on en pèse 3 kilogrammes que l'on lave et que l'on fait égoutter et passer au tamis pour en faire une marmelade ; on met sur le feu, dans une bassine, 3 kilogrammes de sucre avec un litre d'eau ; on fait bouillir et clarifier au blanc d'œuf ; on passe à la chausse de drap et on évapore jusqu'à ce que le sucre soit cuit au cassé ; on y met la marmelade de fraises pour la délayer avec le sucre, en la remuant toujours sur le feu sans qu'elle bouille, on met ensuite en vases.

Marmelade de Framboises.

On choisit les framboises fraîchement cueillies et avant le lever du soleil, bien odorantes, d'une belle couleur écarlate un peu foncée ; on les monde de leurs queues et on les jette dans un mortier ; on les écrase et on les fait passer dans un tamis pour les mettre en marmelade ; on met ce produit sur le feu pour le faire réduire à consistance épaisse, jusqu'à ce qu'il soit prêt à s'attacher au fond de la poële; ensuite on met dans le sucre, dont on aura fait cuire 500 grammes au cassé pour 1 kilogramme de marmelade de framboises ; on donne quelques bouillons en remuant toujours ; quand on juge que la marmelade est assez cuite, on la met en vases.

Marmelade de Pêches.

On prend des pêches très mûres, on enlève la peau, on ôte les noyaux ; ensuite on les couvre de tout le sucre que vous destinez à les faire cuire : 1 kilograme de sucre par kilogramme de fruit suffit pour faire de bonne marmelade de pêches ; mais si on veut qu'elle conserve bien le goût de fruit, il faut mettre 1 kilogramme 500

grammes de sucre ; lorsque les pêches ont ma-
céré dans le sucre pendant trois ou quatre heures,
on les verse dans la bassine ; on les fait bouillir
à grand feu pendant une demi-heure si vous n'a-
vez mis qu'un kilogramme de sucre, et pendant
huit à dix minutes si vous en avez mis 1 kilogramme 500 grammes ; on passe au tamis de
crin, en frottant avec une cuiller ; on remplit de
suite les pots que l'on a préparés.

Marmelade de Poires.

On fait cuire dans de l'eau la quantité de
poires de Rousselet que vous jugerez convenable,
jusqu'à ce qu'elles soient tendres ; on ôte la
peau, et on passe la chair dans un tamis ; on
met sur le feu ; on remue continuellement jusqu'à ce que la marmelade soit près de s'attacher à
la poële ; alors on la passe ; on met autant de sucre
dans une poële avec un demi-litre d'eau ; on fait
bouillir et écumer ; on continue de faire bouillir
jusqu'à ce que, trempant l'écumoire dedans, et
la secouant, il s'élève des filandres qui se tiennent ensemble ; on met ensuite la marmelade,
pour la délayer avec le sucre, sur le feu ; quand
elle commence à frémir, on met dans les pots.

Marmelade de Pommes.

On fait bouillir des pommes de rainette entières dans de l'eau jusqu'à ce qu'elles commencent à fléchir sous les doigts ; alors, on les retire et on les jette à l'eau fraîche pour leur ôter la peau ; on en prend la chair que l'on passe au travers d'un tamis en pressant fortement ; on met le produit dans une bassine ou poëlette pour le faire dessécher sur le feu, jusqu'à ce qu'il soit bien épais ; on fait cuire à la grande plume autant pesant de sucre que de marmelade ; on met le tout ensemble, en remuant avec une spatule ou une cuiller de bois ; on remet sur le feu, seulement pour faire chauffer, en remuant toujours ; lorsque la marmelade commence à bouillir, on l'ôte, et quand elle est un peu refroidie, on la met en pots.

Marmelade de Prunes Mirabelle.

Cette prune doit être très mûre ; la petite espèce, qui est un peu piquée de rouge, est la meilleure ; comme la Mirabelle a moins d'eau que les autres prunes, trois cent-soixante-quinze grammes de sucre par cinq cents grammes de prunes donnent une très belle marmelade.

On fait macérer avec le sucre et l'on suit en tous points ce qui est prescrit pour les autres marmelades.

On peut ajouter des amandes d'abricots bien pelées.

Marmelade de Verjus.

On met dans de l'eau sur le point de bouillir 2 kilogrammes de verjus cueilli dans un temps sec, et quand il approche de sa maturité ; on choisit les grappes dont les grains soient gros et bien remplis ; on égraine de manière à enlever les petits boutons qui sont adhérents aux grains, et lorsque le fruit est près de bouillir, on l'ôte du feu et on le couvre pour le faire reverdir.

On laisse le fruit dans la même eau, jusqu'à ce qu'elle soit froide ; on retire pour passer au tamis ; on en tire le plus de jus possible, exprimant fortement le verjus ; on met cette marmelade dans une bassine pour la faire bouillir, jusqu'à ce qu'elle soit bien épaisse ; on met autant pesant de sucre, que l'on fera cuire à la grande plume ; alors on met la marmelade, pour la bien délayer avec le sucre ; on remet sur le feu, seulement pour faire réchauffer, en remuant, jusqu'à ce qu'elle soit près de bouillir ; alors on la met dans les vases.

SUCS.

Suc de Cerises aigres.

Vous faites un choix de belles cerises dont
vous ôtez les queues et les noyaux, et vous les
jetez dans un mortier ; vous les écrasez et vous
les exprimez fortement pour en retirer tout le
suc, que vous laisserez en fermentation pendant
vingt-quatre heures ; vous le passez à la chausse
ou bien au papier à filtrer ; vous le mettez ensuite en bouteilles, que l'on a soin de bien boucher et ficeler avec du fil de laiton, pour faire
subir un quart-d'heure de bouillon : vous rangez
les bouteilles de verre dans un chaudron avec du
foin, pour qu'elle ne se touchent pas ; vous remplissez le chaudron d'eau froide, et vous chauffez ; lorsque les bouteilles auront subies le degré

d'ébullition précité, vous retirez votre chaudron du feu ; vous laissez les bouteilles dans l'eau jusqu'à ce que celle-ci soit refroidie, de crainte que les bouteilles ne cassent en les sortant de l'eau.

Suc de Coings.

On prend les coings un peu avant leur parfaite maturité ; on les essuie avec un linge rude, pour enlever le duvet qui les recouvre ; on les réduit en pulpes au moyen de la râpe, et on exprime celles-ci après les avoir mêlées avec de la paille hachée et bien lavée.

On abandonne le suc à lui-même pendant deux ou trois jours, jusqu'à ce qu'il soit clarifié ; il subit un léger mouvement de fermentation qui détermine un dépôt de ferment et des matières qui étaient tenues en suspension ; on filtre le suc et on le met en bouteilles, que l'on a soin de bien boucher et de ficeler avec du fil de laiton, pour faire subir un quart d'heure de bouillon ; vous rangez les bouteilles de verre dans un chaudron, avec du foin, pour qu'elles ne se touchent pas ; on remplit le chaudron d'eau froide, et l'on chauffe ; lorsque les bouteilles ont subi l'ébullition précitée, on retire le chaudron du feu; on laisse les bouteilles dans l'eau jusqu'à ce que celle-ci soit refroidie, de crainte qu'elles ne cassent en sortant de l'eau.

Suc de Fraises.

On choisit de belles fraises que l'on jette dans un mortier de marbre; on les écrase en roulant le pilon; on les jette sur un tamis de crin, on met le marc à la presse; on descend le suc à la cave, et on l'y laisse vingt-quatre heures ; au bout de ce temps, la fermentation commence à former un chapeau : on passe à la chausse et l'on met en bouteilles , et l'on prend toujours les mêmes soins que précédemment.

Suc de Framboises.

Vous faites choix de framboises nouvellement cueillies, d'une belle couleur écarlate ; on les écrase dans un mortier de marbre, ou avec la main; on met le produit à la cave pendant quelques jours, jusqu'à ce qu'il surnage un liquide clair; on jette alors le tout sur un tamis de soie ; on laisse égoutter; puis on met le marc à la presse.

On peut ajouter le cinquième ou le sixième de cerises aigres; cette addition rend la clarification du suc plus prompte ; on met en bouteilles et on suit en tous points les précautions précitées.

Suc de Groseilles.

On prend les groseilles avec leurs grappes ; on les écrase sur un tamis de crin ; on y ajoute un huitième de cerises aigres, que l'on écrase de même ; on met le marc à la presse ; on descend le suc à la cave, on le laisse vingt-quatre heures ; au bout de ce temps, le tout est pris en une masse gélatineuse que l'on jette sur une toile claire ou sur un tamis ; la majeure partie du suc s'écoule ; on extrait facilement le reste au moyen de la presse ; on peut, si l'on veut, ajouter un poids de framboises égal au poids de cerises ; on clarifie à la chausse, on met en bouteilles, et on prend les mêmes soins que précédemment.

Suc de Merises.

Le suc de merises se fait comme celui de cerises ; on peut ajouter aussi des guignes pour lui donner une couleur ou teinture plus foncée.

Suc de Pommes.

On prend les pommes de rainette un peu avant leur maturité ; on les écrase dans un mortier pour en exprimer le suc ; on les réduit en pulpes au moyen de la râpe ; on abandonne le suc à la fermentation, et l'on suit comme pour les coings.

Suc de Verjus.

On fait choix de verjus cueilli dans un temps sec, et quand il approche de sa maturité ; on l'égraine de manière qu'il ne reste aucune des queues ni des boutons adhérents aux grains de ce fruit, car ces particules de la plante communiqueraient un goût acerbe à la liqueur ; après cette opération, on jette environ 1 kilogramme de ces grains dans une serviette, et on les essuie, tant à l'effet d'expulser la poussière que de priver ce fruit de toute humidité ; puis on le jette dans un mortier de marbre, et on l'écrase avec soin ; on verse promptment le liquide dans un gros linge bien sec que l'on place sur une terrine de grès ; on exprime d'abord avec les mains ; on verse la liqueur dans un autre vase, et on met le marc en réserve. Tout le fruit étant ainsi écrasé, on arrange le marc sous la presse, et on exprime jusqu'à ce qu'il n'en découle plus rien ; on mesure ensuite toute la liqueur ; on y ajoute une cuillerée à café de lait, et la même quantité d'esprit acide de citron, par chaque litre de liquide ;

on laisse reposer pendant douze ou quinze heures; puis on filtre au travers de la chausse de drap; on met en bouteilles et on bouche parfaitement; on suit alors les précautions précitées.

SIROPS

Sirop d'Absinthe.

Grande et petite absinthe sèche . » kilog. 92 gr.
Eau bouillante .... 2 — » —
Sucre .... 2 — » —

On fait macérer ces substances pendant quelques heures; on fait du tout un sirop que l'on clarifie et que l'on fait évaporer jusqu'à ce qu'il marque 30 degrés étant bouillant.

Ce sirop aide à la digestion et fortifie l'estomac.

Sirop d'Amandes gommé et vanille.

Sirop d'amandes.
Sirop de gomme,

Sirop de vanille.

On mêle le tout exactement. Ce sirop, mis avec de l'eau en quantité convenable, fournit une boisson agréable.

Sirop à l'eau de Cannelle.

Eau distillée de cannnelle... » kilog. 250 gr.
Sucre...................... 1 kilog. 500 gr.

On clarifie le sirop ; on l'amène à 32 degrés bouillant ; puis, après y avoir versé l'eau distillée de cannelle, on fait bouillir le mélange un instant ; on le retire lorsqu'il est à 31 degrés.

Ce sirop est cordial et procure une haleine agréable.

Sirop de Café.

Café..................... 1 kilog.   » gr.
Eau bouillante............ »   —   825 gr.

On choisit de beau café Moka ou Bourbon ; on le torréfie avec ménagement jusqu'à ce qu'il soit d'une couleur de cannelle un peu foncée ; on le broie dans un moulin à café ; on verse l'eau bouillante sur la poudre, en délayant bien avec une petite spatule ; on ferme le vase hermétiquement avec un double parchemin, et le tout est mis à l'étuve jusqu'au lendemain.

On retire l'infusion et on la passe dans un linge blanc qu'on soumet à la presse ; on passe le produit à la manche ou chausse, afin de l'obtenir très clair ; puis , l'ayant mesuré , on le met dans le double de son poids de sirop clarifié et amené à 32 degrés étant bouillant ; on fait bouillir le tout ; on le retire aussitôt du feu , et lorsqu'il n'est plus que tiède , on le met en bouteilles.

Ce sirop est très commode pour les voyageurs ; on en met deux cuillerées à bouche dans une tasse, on verse dessus un verre d'eau bouillante et l'on a un café promptement fait et très agréable.

Sirop de Capillaire.

Capillaire du Canada. . . . .   125 grammes.
Faites infuser pendant douze
   heures dans eau bouillante.   2 litres.
Coulez avec expression, dissolvez.
Sucre.   2 kilog.

Clarifiez le tout avec quelques blancs d'œuf, faites cuire en consistance de sirop ; passez au travers d'un blanchet, et mettez ensuite le sirop dans des bouteilles, qu'il faut bien boucher.

Lorsque le sirop est aux trois quarts refroidi, on l'aromatise avec de l'eau de fleur d'oranger ; il doit donner, quand il est chaud, 31 degrés.

On préfère le capillaire du Canada à tout autre, mais celui de Montpellier paraît aussi bon.

Le capillaire contient un principe odorant, léger et agréable, qui se dissipe en grande partie pendant la cuite du sirop ; il ne reste, pour ainsi dire, que la partie extractive. Si l'on veut conserver au sirop l'odeur du capillaire, il faut, lorsqu'il est cuit, le couler encore bouillant sur du capillaire haché grossièrement, couvrir le vase, et le laisser en infusion jusqu'à ce qu'il soit refroidi ; ensuite, on le passe au travers d'une étamine pour séparer les feuilles de capillaire ; ce sirop ainsi préparé a le goût et l'odeur du capillaire, et il reste parfaitement clair, parce que, pendant cette infusion, le capillaire ne fournit ni mucilage, ni fécule.

Sirop de Choux.

Choux rouges coupés en
morceaux................... 1 kilog.   » —
Eau........................   » —   500 gr.
Faites cuire à un feu modéré, dans un vase

fermé, et jusqu'à ce que les choux soient ramollis;
passez le liquide ; exprimez légèrement et ajoutez à la colature le double de sucre ; écumez avec
soin, faites cuire en consistance convenable, laissez refroidir et conservez.

Le sirop de choux rouges est pectoral ; on
l'ordonne dans la pulmonie et la phthisie.

Sirop de Coings.

Suc de coings dépuré......   500 grammes.
Sucre blanc ....   925 grammes.

Faites un sirop par simple solution ; on le rap-
proche à 30 degrés, étant bouillant, et on le met
en bouteilles.

Sirop de Coquelicots.

Pétales de coquelicots dessé-
   chés et mondés........... » kilog. 128 gr.
Eeau bouillante............ 1   —   250 —
Sirop de sucre............. 2   —   » —

On met les pétales en contact avec l'eau bouillante ; on laisse infuser pendant douze heures ;
on passe avec expression ; on filtre l'infusion au
papier ; on mêle au sirop et l'on fait évaporer au
degré de sirop ordinaire.

On prépare de la même manière, et avec les pétales sèches, à défaut de fleurs récentes, les sirops de nénuphars et de pivoines.

Sirop d'écorse de Citron.

Zestes de citrons.......... » kilog. 65 gr.
Eau .... » — 565 —
Sucre .... 1 — » —

On met les zestes dans un vase de faïence ; on verse dessus l'eau bouillante ; on couvre le vase et on le laisse passer huit à dix heures à l'étuve, puis on coule l'infusion sans expression ; on ajoute le sucre cuit en consistance de sirop, amené à 32 degrés étant bouillant ; on mêle le tout, et dès que l'ébullition s'est manifestée, on laisse refroidir et on met en bouteilles.

Ce sirop passe pour cordial, vermifuge et tonique.

Sirop de Fleurs de Pêcher.

Fleurs de pêcher mondées... » kilog. 500 gr.
Eau..................... 1 — 500 —
Sucre .... » — 250 —

On fait une infusion des fleurs ; on les passe avec expression ; on laisse l'infusion reposer, on la décante et l'on fait fondre le sucre ; on le fait cuire et on amène, à l'aide de l'ébullition, à 31 degrés étant bouillant ; on met en bouteilles et on conserve.

Sirop de Fleurs d'Oranger.

Fleurs d'oranger épluchées.. » kilog. 500 gr.
Sucre.................... 1 — 500 —

On clarifie le sucre et on le fait cuire à la plume, puis on y verse les fleurs d'oranger ; on fait évaporer le mélange jusqu'à ce que le sirop soit cuit à 31 degrés de l'aréomètre de Beaumé ; alors on retire la bassine, on passe le sirop au travers d'un blanchet, puis on le met dans des bouteilles que l'on remplit parfaitement et que l'on bouche hermétiquement.

Le sirop de fleurs d'oranger est céphalique, c'est-à-dire contre les maux de tête.

Sirop de Fraises.

PREMIER PROCÉDÉ.

Fraises...................... 250 grammes
Sirop de sucre............... 750 grammes
On fait cuire le sirop jusqu'à ce qu'il ait per-

du 200 grammes; on ajoute les fraises , on les retourne dans le sirop et l'on met aussitôt au bain-marie, que l'on couvre; après vingt-quatre heures , on passe à la chausse ; on presse légèrement , on met en bouteilles.

DEUXIÈME PROCÉDÉ.

Roulez bien les fraises dans le sucre , et laissez à la cave un ou deux jours ; au bout de ce temps, passez avec expression pour retirer le sirop, faites fondre la quantité nécessaire pour l'amener à 30 degrés étant bouillant , et conservez en bouteilles.

Sirop de Framboises.

Framboises...................... 3 kilog.
Sucre .... 5 —

On fait choix de framboises très mûres ; après les avoir mondées de leurs queues, on les verse dans le sirop filtré et cuit; on fait bouillir le mélange quelques minutes, puis on le verse dans une terrine vernissée , et lorsqu'il est presque froid, on le passe dans un tamis sans expression ; on met en bouteilles.

Lorsque la saison des framboises est passée, il est facile de se procurer, par le moyen de ce sirop, du vinaigre de framboises ; il suffit en effet de verser suffisante quantité dans du sirop de vinaigre ordinaire, pour lui communiquer le parfum agréable recherché.

Le sirop de framboises, considéré comme rafraîchissant, donne une boisson agréable.

Sirop de Gélatine.

Colle de poisson............	»	kilog.	30 gr.
Eau.....................	6	—	» —
Sirop blanc de sucre........	4	—	» —

On divise la colle en la coupant en lanières ; on la fait tremper pendant six heures en été, et dix-huit ou vingt-quatre heures en hiver, et renouvelant deux ou trois fois l'eau ; on chauffe au bain-marie avec 2 kilogrammes d'eau pour opérer la solution ; on passe au travers d'un linge fin ; on ajoute au sirop, et on amène à 32 degrés à l'aide de l'ébullition vive ; lorsque ce sirop est froid, on l'aromatise avec 32 grammes d'eau de fleur d'oranger.

Sirop de Gomme arabique.

Gomme arabique, mondée et
concassée.............. » kil. 500 gr.
Eau commune........... » — 500 —
Sirop simple............. 2 — » —

On fait dissoudre la gomme dans l'eau à l'aide
de la chaleur; on ajoute le sirop à la solution;
on fait bouillir pendant deux ou trois minutes,
on écume, on laisse refroidir, on passe à la
chausse, puis on met en bouteilles.

Solution de Gomme préparée à froid.

Gomme arabique lavée...... » kil. 500 gr.
Sirop de sucre............ 4 — » —

On fait dissoudre la gomme à froid; on ajoute
au sirop la solution; on fait rapprocher vivement
jusqu'à 29 degrés étant bouillant; on passe et
on conserve.

Ce sirop est fort en usage aujourd'hui; il est
adoucissant: on s'en sert fréquemment au lieu
de sucre pur ou de sirop simple.

Sirop de Grenades.

Suc de grenades........... » kil. 530 gr.
Sucre................... 1 — » —

On choisit les grenades aigres, dont on sépare les grains les plus rouges; on écrase les fruits dans un mortier de marbre, puis on les fait bouillir dans une suffisante quantité d'eau ; on passe ensuite au travers d'un linge; après quelque temps de repos, on décante le liquide, on pèse le suc de grenades, et pour 130 grammes on emploie un kilogramme de sucre ; on amène le sirop à 32 degrés étant bouillant.

Sirop de Groseilles.

On prend 10 kilogrammes de groseilles, on sépare les rafles, on les met dans une bassine, on chauffe en agitant continuellement jusqu'à ce que les groseilles soient décolorées; on verse alors sur un tamis de crin, puis on force le suc à passer au travers à l'aide d'une spatule; on ajoute alors 500 grammes de cerises aigres écrasées et privées de leur noyaux ; on porte le mélange dans une cave fraîche ; trente-six heures après, on divise le caillot à l'aide d'un balai d'osier; on verse sur une toile, on agite de temps en temps pour faciliter l'écoulement du suc, qui se trouve à peu près à 4 kilogrammes; le suc de groseilles ainsi obtenu doit, pour fournir un

bon sirop, être mis avec du sucre dans la proportion de 896 grammes de sucre pour 500 grammes
de suc de groseilles ; on peut remplacer le sucre
par le sirop simple blanc rapproché du point de
cuite.

Le sirop, préparé par ce moyen, est d'une belle
couleur rouge, la saveur en est agréable, et l'o-
deur bien marquée.

Sirop de Guimauve.

Racine de guimauve sèche, bien
    blanche et mondée....... » kil. 250 gr.
Eau .... 1 — 500 —
Sirop de sucre.......... ... 8 — » —

On met la racine de guimauve en contact avec
l'eau ; on laisse macérer pendant douze heures ;
on passe à travers un blanchet, sans exprimer ; on
ajoute le sirop simple, et à l'aide de l'ébullition
on amène à 30 degrés étant bouillant.

Ce sirop, entièrement exempt d'amidon, est une
bonne préparation, et quoiqu'il contienne la partie mucilagineuse de la guimauve, il est sus-
ceptible de se conserver.

On peut préparer de la même manière les sirops de grande consoude, de cynoglosse ; on
emploie les racines sèches, coupées et privées
de poussière.

Sirop de Lichen.

Lichen d'Islande............ » kil. 60 gr.
Sirop de sucre............. 2 —   » —

On lave le lichen à l'eau froide et à plusieurs reprises ; on prépare ensuite une décoction avec 2 kilogrammes d'eau, on passe sans expression à travers un blanchet, on ajoute à la décoction le sirop de sucre, et l'on évapore rapidement jusqu'à ce que le liquide marque 31 degrés étant bouillant.

Ce sirop, qui contient du mucilage, ne se conserve pas bien.

Le sirop de lichen, récemment préparé, est adoucissant et passe pour nutritif.

Sirop de Limaçons.

PREMIER PROCÉDÉ.

On prend cent limaçons de vigne ; on les lave à l'eau froide, jusqu'à ce que le liquide qui sert au lavage cesse d'être louche ; on retire l'animal des coquilles, on le coupe par morceaux (après avoir enlevé les intestins), on les fait cuire avec une suffisante quantité d'eau et à petit feu, dans un vase couvert. Ce vase droit être en terre non vernissée; on passe ensuite à travers un linge neuf, en exprimant fortement; on décante la colature et l'on ajoute :

Sucre blanc .... 1 kilog.   » gr.
Vin blanc généreux .... »   —   50 —

On clarifie avec un peu d'eau albumineuse; on fait cuire à consistance un peu forte, puis on passe à travers un blanchet; on conserve ensuite convenablement.

DEUXIÈME PRODÉDÉ.

Limaçons de vigne........... 100   —   »
Sucre .... 3 kilog. »

On choisit les limaçons vers la fin de l'automne, lorsque les premiers froids ont fait clore leurs coquilles; on les jette dans l'eau bouillante, on les remue avec une écumoire jusqu'à ce qu'ils soient morts, ce que l'on reconnaît lorsqu'en les piquant avec un poinçon et les tirant hors de leurs coquilles, il s'en détachent facilement; on les met alors dans une passoire et on les sort des coquilles; on en rejette les intestins (la partie noire et postérieure); on lave la partie blanche dans de l'eau tiède; on la coupe par morceaux; on en fait une décoction un peu prolongée dans une quantité convenable d'eau; on passse au travers d'un linge; on exprime, on ajoute le sucre clarifié aux blancs d'œufs, et l'on cu.t jusqu'à 30 degrés étant bouillant. On peut aromatiser ce sirop en y ajoutant 65 grammes d'eau de fleurs d'oranger ; cette addition corrige le goût un peu fade du sirop.

Sirop de Limon ou de Citron.

Suc de limon ou de citron... 1 kilog. 65 gr.
Sucre..................... 2 — » —

On fait choix de beaux limons ou de citrons ; on les coupe par moitié, puis on en fait sortir tout le jus au moyen d'une cuiller en bois, que l'on tourne contre les parois intérieures de l'écorse ; on passé ensuite ce jus au travers d'un linge propre ; le marc est soumis à la presse ; on réunit tout le suc de limon ainsi obtenu , on le place dans un endroit frais, et lorsqu'il se forme dessus une pellicule, on le décante, puis on le filtre au travers d'un papier gris ; pour le conserver, on le met en bouteilles, et l'on verse par dessus un peu d'huile d'olive.

Après avoir pesé la quantité ci-dessus de suc de limon, on l'amène, à l'aide de l'ébullition, à 33 degrés étant bouillant ; alors on retire la bassine du feu et on verse le suc de limon ;

on fait bouillir un instant ; après l'ébullition, on enlève l'écume blanche qui s'est formée dessus, et lorsqu'il n'est plus que tiède, on le met en bouteilles.

Le sirop de limon ou citron est rafraîchissant et antiputride ; on en emploie ordinairement une cuillerée à bouche pour un verre d'eau.

Sirop de Menthe.

Eau de Menthe............... Une partie.
Sucre très blanc............. Deux parties.
Faites dissoudre à froid et mêlez.

Sirop de Merises.

Suc de merises.................... 1 kilog.
Sucre........................... 2 —

On prend des merises bien mûres, que l'on écrase dans une passoire, ou sur une petite claie d'osier, ou sur un tamis assez serré pour qu'il ne passe au travers que la pulpe des fruits ; on exprime le jus de merises à la presse, on le pèse ; on prend le double du poids de sucre clarifié, que l'on fait cuire et évaporer jusqu'à 32 dégrés étant bouillant ; alors, on délaie avec le suc de merises, et l'on continue de remuer avec l'écumoire, jusqu'à ce que l'ébullition se soit manifestée ; on laisse presque entièrement refroidir avant de mettre en bouteilles.

Lorsque le sirop de vinaigre n'a pas assez de couleur, ou qu'il a été fait avec du vinaigre blanc, toujours préférable au rouge, on le colore avec le sirop de merises.

Sirop de Mou de Veau.

Poumons de veau frais.....	1 kilog.	» gr.
Dattes...................	» —	160 —
Jujubes		
Feuilles pulmonaires....	» —	176 —
Raisins secs............		
Racine de réglisse.......	» —	32 —
Racine de grande consoude		
Sucre candi.............	2 —	» —
Eau de rivière....	1 —	250 —

On coupe les poumons en morceaux très minces ; on les lave dans l'eau froide pour enlever le sang et les mucosités ; on les met ensuite avec l'eau, les racines, les fruits et les herbes, dans un vase couvert ; on place ce vase au bain-marie ; on fait bouillir le bain pendant une heure, on laisse en repos la liqueur, on décante, on passe, on met le liquide dans une bassine propre, avec le sucre, et l'on fait un sirop qui doit marquer 30 degrés étant bouillant, à l'aréomètre ; s'il était moins dense, on le rapprocherait à ce terme ; on clarifie aux blancs d'œuf et l'on passe à la chausse.

Le sirop de mou de veau est adoucissant.

Sirop de Mûres.

Suc de mûres........... » kilog. 565 gr.
Sucre................. 1 — » —

On emploie de belles mûres, un peu avant leur maturité, quoique bien noires ; on les soumet à la presse ; on prend 1 kilogramme de sucre pour 565 grammes de jus ; le sirop étant clarifié et fait évaporer jusqu'à ce qu'il marque 32 degrés étant bouillant, on le délaie avec le jus de mûres; on fait bouillir un instant, on laisse presqu'entièrement refroidir ce sirop, puis on le met en bouteilles.

Ce sirop est employé contre les maux de gorge, en gargarismes, et contre les rhumes.

Sirop de Navets.

Navets récents............. » kilog. 500 gr.
Eau .... 2 — » —
Sucre blanc.............. 1 — » —

On enlève l'épiderme des navets, on les coupe par tranches, et on les fait bouillir dans l'eau jusqu'à ce qu'ils soient cuits; on passe la liqueur sans exprimer; on la mêle au sucre; on clarifie à l'eau albumineuse, et on amène à 30 degrés étant bouillant.

Sirop d'OEillets.

Fleurs d'œillets............	»	kilog.	750 gr.
Girofle concassé..........	»	—	8 —
Eau......................	»	—	500 —
Sucre	1	—	500 —

On ôte les onglets des fleurs d'œillets ; on met ces fleurs dans un bain-marie avec le girofle en poudre, on y verse l'eau bouillante, on laisse le tout en macération à l'étuve douze heures ; on passe la liqueur au travers d'un linge, et l'on soumet le marc à la presse, puis on filtre le suc qu'on a obtenu.

On clarifie le sucre ; on fait cuire jusqu'à ce qu'il marque 32 degrés étant bouillant ; on y verse la liqueur ; on fait bouillir un instant, et lorsqu'elle se retrouve au même degré, on la retire, on la laisse refroidir, puis on la met en bouteilles.

Le sirop d'œillets est fortifiant, cordial et légèrement sudorifique.

Sirop d'OEufs.

10 œufs frais, de grosseur
    moyenne, pesant net......   500 grammes
Doivent être battus, jaunes et
    blancs, avec eau.........   50 grammes
jusqu'au point d'être assez fluides pour passer avec une légère pression au travers d'une toile
serrée ; on parviendra ainsi à séparer les germes ;
on achèvera de les fouetter en mousse, puis on
ajoutera, en saupoudrant, su-
    cre pulvérisé...........   800 grammes,
et l'on aromatisera avec vingt ou trente gouttes
d'eau de fleurs d'oranger ; on agite un quart-
d'heure ; si le sirop est assez fluide, on met en
flacons que l'on bouche hermétiquement ; les flacons doivent être de petite contenance. La quantité dans chaque flacon peut être prise en deux
ou plusieurs fois, en ayant soin de délayer dans
dix fois le volume d'eau.

Sirop d'Oignons.

Oignons blancs.............. » 250 gr.
Eau .... 1 kilog. —
Sirop de sucre.............. 1 — —

On monde les oignons de leur pellicule exter-
ne, on les coupe en rouelles, on les fait cuire
dans l'eau ; on passe la liqueur à travers un blanchet, on y ajoute le sirop, et l'on fait cuire à 30
degrés étant bouillant.

Sirop d'Orgeat.

Amandes amères.............	»	—	500 gr.
Amandes douces.............	»	—	500 —
Zestes d'un citron...........			
Eau de fleurs d'oranger.....	»	—	128 —
Sucre ou sirop équivalant....	4 kilog.	»	—
Eau commune...............	2	—	500 —

On fait choix d'amandes douces et amères bien
fraîches ; on verse de l'eau bouillante dessus, et
dès que la peau s'enlève facilement, on les jette
sur un tamis ; puis, afin de faciliter la séparation
de la peau, on y passe de l'eau fraîche, et lorsqu'elles sont ainsi toutes mondées, on les pile,
avec le zeste d'un citron, dans un mortier de marbre, de bois ou de porcelaine, en y ajoutant de
l'eau par intervalle, pour empêcher que le tout
n'acquierre la forme huileuse ; on triture jusqu'à
ce qu'on obtienne une pâte très fine, ce que l'on
reconnaît lorsque, prenant une portion de la pâte entre les doigts, on ne sent plus de fragments

d'amandes ; alors on délaie cette pâte avec la moitié de l'eau, puis on passe au travers d'un linge,
serré fortement par deux personnes ; la pâte est
remise dans le mortier et pilée de nouveau pendant sept à huit minutes ; on délaie avec la moitié restante de l'eau ; on passe au travers d'un
linge ; on obtient de cette manière un lait d'a-
mandes ; on rejette le reste du marc.

Le sirop est clarifié et fait évaporer jusqu'à ce
qu'il marque 30 degrés à l'aréomètre de Beaumé ;
alors on retire la bassine du feu pour y verser le
lait d'amandes, puis on porte à l'ébullition, en
remuant avec l'écumoire ; on retire aussitôt du
feu, et lorsque le sirop est refroidi on y ajoute
l'eau de fleurs d'oranger ; on passe le sirop au
travers d'un linge, afin de bien mélanger une
partie floconneuse qui vient nager à la surface.
Le sirop se sépare en deux parties peu de temps
après avoir été fait ; la partie inférieure est claire et transparente, et la partie supérieure est
blanche et plus épaisse ; cette dernière est l'émulsion d'huile des amandes ; seule, elle a la propriété de blanchir l'eau, lorsqu'on y délaie du sirop d'orgeat. La séparation du sirop n'annonce
pas qu'il soit gâté ; il faut avoir soin d'agiter les
bouteilles de temps en temps afin de faire plonger
l'émulsion ; autrement, restant séparé, le con-

tenu finirait par se moisir, s'aigrir et communiquer au sirop un goût très désagréable.

Le sirop d'orgeat est fort employé pour pré
parer une boisson rafraîchissante et agréable.
en l'étendant de huit à dix fois son volume d'eau;
ce sirop est adoucissant.

Sirop de Pistaches.

Le sirop de pistaches se fait de la même manière que le sirop d'orgeat, si ce n'est qu'au lieu
d'amandes on emploie des pistaches. Ce sirop
est vert; il reçoit cette couleur du parenchyme
de l'amande des pistaches.

On se sert du sirop de pistaches pour préparer
une boisson très-agréable.

Sirop de Punch au Rhum.

Rhum....................... 2 litres 1/2
Jus de citron................. 1 kilog.
Sucre...................·.... 4 —

On clarifie le sucre et on le fait cuire jusqu'à
la consistance du sirop, qu'on amène à 32 degrés;
on y verse le jus de citron en remuant le mélange
jusqu'à ce qu'il ait commencé à bouillir; on verse
le sirop dans un vase de terre vernissé; lorsqu'il

est froid, on ajoute le rhum ; on remue bien le tout, puis on met en bouteilles.

Ce sirop se conserve très long-temps ; on en fait du punch , en y ajoutant une suffisante quantité d'eau bouillante.

On peut étendre ce sirop avec une décoction de thé, pour les personnes qui aiment le punch au thé.

Sirop de Punch au Rack.

Le sirop de punch au rack se fait comme le précédent, si ce n'est qu'au lieu de rhum on se sert de rack.

Sirop de Roses.

Roses sèches de Provins.....	» kilog.	500 gr.
Eau de rose double........	» —	375 —
Eau bouillante...........	1 —	» —
Sucre....	2 —	» —

On triture les roses dans un mortier de marbre; on les met dans le bain-marie ; on verse de l'eau bouillante dessus, et lorsque le tout est resté en macération pendant quatre heures, on passe la décoction au travers d'un linge, en exprimant fortement le marc.

On fait cuire et clarifier le sirop ; lorsqu'il est amené à 32 degrés, on le délaie avec la décoction et l'eau de rose ; aussitôt que le mélange est porté à l'ébullition, on le passe dans le blanchet.

Ce sirop est astringent.

Sirop de Sucre.

PREMIER PROCÉDÉ.

On prend :

Sucre en pain............. 20 kilog.　» gr.
Eau..................... 10　—　» —
Blancs d'œufs............. 2 ou 3

On met le sucre dans une bassine de cuivre rouge ; on ajoute peu à peu huit kilogrammes d'eau, arrosant le pain de manière à faire tomber l'eau sur les parties extérieures, et à l'amener par ce travail en un magma grenu ; on porte la bassine sur un fourneau, et à l'aide d'un feu vif on opère la fusion.

Pendant ce temps, on bat les œufs avec leurs coquilles brisées dans les 2 kilogrammes d'eau qui restent ; lorsque le sirop bout et qu'il commence à monter, on y verse de hauteur un demi-litre environ d'eau albumineuse ; par cette immersion, le sirop s'affaisse pour remonter ensuite ;

on y verse une quantité de la même eau, on arrête le feu, le sirop s'affaisse entièrement ; l'écume acquiert plus de consistance ; on l'enlève à l'aide d'une écumoire.

On active le feu, on entretient le sirop à une ébullition bien soutenue ; on y verse en deux ou trois fois le reste de l'eau albumineuse, ayant soin de toujours la jeter de hauteur et d'enlever l'écume ; enfin, en dernier lieu, on verse, au lieu d'eau albumineuse, un demi-litre d'eau froide clarifiée, et on examine l'état du sirop ; s'il est assez transparent pour qu'on aperçoive le fond de la bassine, et s'il porte, étant encore bouillant, 31 degrés à l'aréomètre de Beaumé, on le passe à travers un blanchet, et lorsqu'il est refroidi, on le conserve dans des flacons bouchés ; on peut obtenir ce degré en une demi-heure, en prenant les quantités d'eau et de sucre que nous avons indiquées ; si cependant le sirop n'est pas asssez cuit, il faut le laisser sur le feu jusqu'à ce qu'il ait acquis le degré convenable ; si, au contraire, il marquait un degré supérieur à 31 degrés, il faudrait y ajouter la quantité d'eau nécessaire pour le ramener à ce degré ; on écumerait et on passerait au travers d'un blanchet.

DEUXIÈME PROCÉDÉ.

Sucre blanc...................... 10 kilog.
Eau............................ 4 —

Lorsque l'eau, mise dans une bassine de cuivre sur le feu, est chaude, on ajoute le sucre ;
on remue sans cesse à l'aide d'une spatule, jusqu'à ce que tout soit fondu ; on verse encore en
remuant toujours :
Bon charbon animal, en poudre très
     fine .... 1 kilog.
Lorsque le mélange est bien opéré, et que le
liquide est près de bouillir, on jette, en agitant
très vivement seulement quelques secondes, un
œuf (blanc, jaune et coquille) bien fouetté dans:
Eau .... 1 kilog.
On cesse d'agiter, et l'on continue d'activer le feu
jusqu'à ce que l'ébullition se manifeste ; alors,
si la bassine est munie d'une vidange à robinet,
on la vide tout entière dans un filtre en laine ou
chausse lavée préalablement dans l'eau bouillante ; la première fois, le sirop passe trouble ; on
le reverse dans le filtre, que l'on a soin de couvrir
afin d'éviter une trop grande perte de chaleur
qui, rendant le sirop moins fluide, s'opposerait
à la filtration.

Sirop de Vanille.

Vanille choisie...................... 60 gr.
Sucre blanc en poudre............... 530 »
Eau de rivière...................... 280 »

La vanille est coupée en petits morceaux ; on les triture, dans un mortier de marbre ou de faïence, avec un peu d'eau-de-vie incolore, une partie de sucre et un peu d'eau pour former une pâte molle homogène. Quand la vanille est mélangée avec le sucre, on met le mélange dans un ballon de verre avec le restant du sucre et de l'eau précités ; on y ajoute un blanc d'œuf ; puis, après avoir bouché le ballon avec un parchemin percé d'un petit trou, on le place dans un bain-marie dont on entretient la chaleur pendant dix-huit ou vingt heures ; on expose au soleil pendant douze jours, ou à la chaleur de l'étuve (sans percer le parchemin), avec attention d'agiter le ballon de temps en temps ; lorsque le sucre est totalement fondu et la liqueur homogène, on laisse reposer vingt-quatre heures ; on coule à travers une étamine et on conserve dans un flacon bouché hermétiquement, couvert de papier noirci. — Ce sirop convient très-bien pour aromatiser les crèmes et les liqueurs.

Sirop de Vinaigre.

Vïnaigre rouge...................... 500 gr,
Sucre ou sirop équivalant......... 1 kilog.

On clarifie le sirop et on l'amène à 31 degrés bouillant ; alors on y verse le vinaigre, on fait un instant bouillir le mélange ; on le retire et on le laisse refroidir ; ensuite on met en bouteilles, ayant soin de boucher hermétiquement.

Le sirop de vinaigre se conserve longtemps ; il est rafraîchissant et antiputride.

Sirop de Vinaigre Framboisé.

On met dans un vase de grès :
Framboises .... 1 kilog.
Il faut qu'elles soient bien mûres ; on les monde de leurs queues ; on verse un demi-quart de litre de vinaigre rouge ; on remue le mélange avec une spatule, puis on le passe avec expression à travers un linge très-propre ; on filtre la liqueur et on mesure. On prend le double du sirop qu'on fait cuire, qu'on amène à 32 degrés bouillant, dans une bassine d'argent, puis on délaie avec le vinaigre framboisé ; on remet la bassine sur le feu, et on remue le mélange jusqu'à ce que le sirop ait bouilli pendant une minute ; on le laisse re-

froidir, puis on remplit les bouteilles.

Ce sirop est très rafraîchissant, et forme une boisson agréable avec huit ou dix fois son poids d'eau.

Sirop de Violettes.

Pétales de violettes récentes.. » kilog. 500 gr.
Eau bouillante, quantité pour
    obtenir infusée.......... 1 —   64 —
Sucre très pur.............. 2 —   » —
On met les violettes dans un
    bain-marie ; on y verse, eau 3 litres.

Chauffée à 40 degrés ; on agite avec une spattule pendant une minute, on jette sur un linge propre, et on exprime ; on pèse les violettes pour reconnaître la quantité d'eau qu'elles retiennent, et l'on verse la quantité d'eau bouillante nécessaire pour compléter 1 kilogramme (ou le double du poids des fleurs employées) ; on laisse infuser pendant douze heures, en ayant soin d'agiter plusieurs fois ; on passe à travers un linge, on met à la presse, on laisse reposer, on décante ; on obtient ou l'on complète 1 kilogramme 64 grammes de liquide nécessaire à la confection du sirop ; on met cette infusion dans le bain-marie avec 2 kilogrammes de sucre pulvérisé ; on agite souvent pendant l'espace de douze heures ; on termine la préparation en chauffant le vase fermé au bain-marie bouillant ; on passe le sirop chaud à travers un blanchet blanc et échaudé à l'eau bouillante.

Les conditions convenables pour obtenir un sirop de violettes bien préparé sont :

1° De choisir de préférence les violettes simples cultivées ou violettes qui viennent à la campagne et qui ont une couleur rougeâtre.

2° D'employer de préférence celles qui fleurissent au printemps et qui sont plus odorantes.

3° De préparer l'infusion aussitôt que les fleurs sont mondées.

4° D'employer pour faire cette infusion un vase très propre.

5° De prendre du sucre exempt de chaux, ce qui ferait virer la couleur au vert.

On falsifie quelquefois le sirop de violettes en le fabriquant avec des pensées, virant la couleur à l'aide d'un peu de carbonate de soude ; d'autres emploient la teinture de tournesol, et donnent l'odeur à l'aide de l'iris de Florence. Ces sortes de sirops sont loin d'offrir les propriétés adoucissantes qui font rechercher le véritable sirop de violettes.

Le sirop de violettes est un sirop très agréable ; on le fait entrer dans la composition de diverses boissons, et dans quelques tisanes.

LIQUEURS

Liqueur de Kirch.

Sucre blanc...................... 150 gr.
    Faites fondre dans un mélange de :
Kirch, première qualité............... 245 gr.
Eau filtrée...................... 100 gr.
    Lorsque la dissolution du sucre est opérée,
vous filtrez dans un entonnoir fermé, afin que la
liqueur ne puisse s'affaiblir par la volatilisation
spontanée d'une partie des principes alcooliques ;
vous ajoutez.
Teinture d'ambre................ 1 goutte.
    Vous mêlez exactement, et vous mettez en bou-
tielles, que vous avez soin de boucher hermétiquement.

Huile de Vanille.

Sucre blanc...................... 425 gr.

Faites fondre dans un mélange composé de :

Eau de roses doubles............... 500 gr.

Esprit de vin à 36 degrés........... 1/2 litre

Lorsque vous aurez fait la dissolution du sucre, vous colorez avec un peu de cochenille et 30 centrigrames d'alun ; vous filtrez dans un entonnoir fermé.

Crême d'Angélique.

Fleurs d'oranger mondées........... 90 gr.

Faites macérer pendant 2 heures dans :

Eau-de-vie de qualité supérieure..... 3/4 litre

Vous passez à travers un lingeau tamis, puis vous ajoutez au liquide obtenu :

Eau.............................. 375 gr.

Sucre .... 750 gr.

Lorsque votre sucre est complètement dissout, vous filtrez en évitant l'évaporation, car votre liqueur s'affaiblirait par la volatilisation spontanée des principes alcooliques.

Crême de Rose.

Vanille de très-bonne qualité coupée en très-petits morceaux............ 3 gr. 8 centig.
Cochenille finement concassée.   95   —
Alun pulvérisé.............   30   —
Vous faites macérer le tout pendant 15 ou 20 jours dans :
Esprit-de-vin à 33 degrés...........   1 lit.
Vous filtrez ensûite dans un filtre fermé ou ouvert ; vous ajoutez à la décoction :
Eau filtrée.............. »   »   750 gr.
Sucre blanc............. 1   kil. 500 —
Lorsque le sucre est complétement dissout, vous filtrez de nouveau avec les mêmes précautions que pour la première filtration.

Huile de fleurs d'Oranger.

Racine d'Angélique................ 2   gr.
Semences d'Angélique............. 2   —
Semences de Carvi................ 2   —
Safran oriental.................... 60 cent.
Concassez les trois premières, incisez finement le safran et faites macérer le tout pendant quinze à vingt jours dans :

Alcool à 30 degrés..................... 1/2 lit.

Filtrez dans un filtre fermé, afin d'empêcher la volatilisation ; ajoutez :

Sirop de Capillaire.................... 750 gr.

Mêlez exactement et mettez en bouteilles.

Liqueur de Mexico.

Citron............................... 8 kilog.
Cédrats.............................. 2 —
Vanille.............................. 15 gr.

Faites macérer les zestes de ces fruits, ainsi que la vanille, pendant vingt-quatre heures dans :

Eeau-de-vie à 22 degrés............. 7 litr.

Mêlez le suc des fruits exprimés et ajoutez ensuite :

Sucre............................... 3 kilog.

Vous laissez macérer pendant huit jours ; alors vous filtrez et vous mettez en bouteilles.

Liqueur des Chasseurs.

Eau-de-vie...................... 2 lit. 1/2
Eau de menthe poivrée........... 1 — —
Sucre........................... 250 gr.

Faites fondre le sucre dans de l'eau de menthe, mêlez ce sirop à l'eau-de-vie, filtrez et mettez en bouteilles.

Huile de Girofle.

Eau-de-vie à 22 degrés..	2 lit. 1/2
Sirop de sucre....................	2 kilog.
Girofle en poudre...	8 gram.
Maïs en poudre..................	1 —

Vous mettez à infuser pendant douze jours et vous agitez plusieurs fois par jour ; vous passez dans un tamis, vous donnez une couleur brune au moyen du caramel, vous filtrez ; alors vous mettez en bouteilles.

Liqueur de Malabar

OU EAU DE CANNELLE.

Sirop de sucre...........	1 kilog	500	gr.
Eau-de-vie..............	1 litre	660	c.
Cannelle................	» —	6	—
Girofle .... / Macis	» —	1	—

Vous pulvérisez la cannelle, le girofle, le macis; vous faites macérer pendant quelques jours et vous colorez légèrement au caramel ; vous filtrez, vous agitez votre sirop et vous mettez en bouteilles.

Liqueur d'essence de Rose.

Eau-de-vie à 22 degrés....   2 lit.   » —
Sirop de sucre...........   1 kilog. 500 gr.

On parfume avec de l'essence de rose qu'on met en quantité suffisante, ce que le goût détermine : on donne une couleur de rose très-pâle avec la teinture de cochenille ; on mêle le sirop, on filtre de suite , on agite six à huit fois pour bien mêler, et on met en bouteilles.

On peut encore faire cette liqueur sans employer l'essence de rose :

Eau-de-vie à 22 degrés....   2 lit   1/2
Sucre très blanc..........   1 kil. » gr.

On ajoute l'eau de roses distillée de la manière que nous l'indiquons plus bas, en quantité suffisante pour donner un bon parfum ; si la liqueur est trop faible, on ajoute de l'esprit trois-six ; si elle est trop forte, on ajoute de l'eau ; si elle n'est pas assez mielleuse, on ajoute du sirop ou du sucre.

L'eau de roses se fait de la manière suivante : on garnit la curcubite de l'alambic avec un lit de pétales de roses et une autre couche de sel, et ainsi de suite jusqu'à ce que la curcubite soit remplie ; la dernière couche de pétales de roses est recouverte d'une légère couche de sel ; on remplit l'alambic d'eau et on distille : le premier produit distillé est passé une deuxième et une troisième fois sur de nouvelles pétales de roses disposées dans la cucurbite, comme dans la distillation précédente ; après la troisième distillation, l'eau de roses est parfaite.

Liqueur Chinoise.

Eau-de-vie à 18 degrés.....	2 lit.	»	c.
Sirop de sucre...........	2 kilog.	»	gr.
Anis étoilé..............	» —	8	—
Ambrette..............	» —	8	—
Safranum	» —	4	—

Vous faites macérer pendant trois ou quatre jours, vous filtrez, vous colorez, et vous mettez ensuite en bouteilles.

Crème de Macarons.

Eau-de-vie à 22 degrés.....	3 litres.	»	—
Sirop de sucre............	2 kilog. 500 gr.		
Girofle.................			
Cannelle	} 2 gram.	»	—
Macis..................			
Amandes amères pelées et bien pilées. 150 gr.			

Il ne faut jamais remplacer les amandes amères par des noyaux de pêches ou d'abricots, parce qu'ils sont trop âcres ; on colore en violet pourpre par une décoction de pains de tournesol, à laquelle on ajoute la couleur de cochenille en quantité nécessaire pour avoir une belle nuance ; on filtre et on met en bouteilles.

Curaçao.

On met, dans un bocal ou un cruchon, la quantité d'alcool que l'on veut avec les zestes de six belles oranges, de celles dont la peau est la plus lisse ; on laisse infuser pendant quinze jours ou plus, mais pas au-delà de vingt jours ; après ce temps on met :

Eau-de-vie à 22 degrés...... 3 litres. » —
Eau .... 1 kilog. 250 gr.
Sucre .... 1 — 250 —

Lorsque le sucre est bien dissout, on y ajoute la quantité suffisante d'infusion de zestes d'oranges pour que ce goût domine ; alors on aromatise le tout avec :

Cannelle de Ceylan en poudre.... } 2 grammes.
Muscade râpée .... }

On ajoute dans la liqueur 31 grammes d'iris d'Inde en poudre ; on laisse l'infusion pendant une douzaine de jours, en agitant trois ou quatre fois par jour ; au **bout** de ce temps , on goûte la liqueur ; si elle est trop forte et mielleuse , on ajoute de l'eau ; si elle est trop faible , on ajoute de l'eau-de-vie ; si elle n'est pas assez mielleuse , on ajoute du sirop ; alors on filtre et l'on donne la couleur de caramel, qui doit être **un** peu foncée ; on filtre et on met en bouteilles.

Liqueur de Genièvre.

Eau-de-vie à 21 degrés.......... 5 litres. »
Sucre.................... 2 kilog. 500

Vous faites fondre le sucre avec autant d'eau qu'il en faut pour le dissoudre ; vous portez ce sirop jusqu'à l'ébullition pour l'écumer ; vous prenez cinq verres moyens de baies de genièvre vert que vous concassez légèrement ; vous mêlez ensemble l'eau-de-vie, le sirop et le genièvre, dans un vase de grès que vous bouchez avec le plus grand soin ; vous agitez souvent votre vase, et au bout de trois jours ou plus , mais jamais plus de quinze, vous passez à la chausse et vous mettez en bouteilles. Cette liqueur peut se boire promptement , mais elle acquiert en vieillissant une grande bonté ; elle est fortifiante et stomachique.

Elixir de Garus.

Alcool	5 lit.	»	—
Safran	31 gr.	»	—
Girofle...................	22 —	»	—
Aloës	12 —	»	—
Cannelle			
Muscade ....}	4 —	»	—
Myrthe................}			

Faites macérer pendant quatre à cinq jours et distillez au bain-marie jusqu'à siccité ; vous rectifiez au bain-marie en ajoutant :

Eau	500 gr.	»	—

Prenez :

Capillaire................	122 —	»	—
Eau bouillante............	4 kil.	»	—

Faites infuser pendant vingt-quatre heures, passez et exprimez, et ajoutez :

Sucre blanc............	6 kil.	»	—
Eau de fleurs d'oranger....	500 gr.	»	—

Faites fondre le sucre à froid,

ajoutez l'alcool avec safran................	7 —	»	—

Et filtrez après quelques jours de repos ; mettez en bouteilles ou cruchons que vous aurez soin de bien boucher.

Crème de Moka.

Café Moka.............. 750 gr.   »   —
Eau-de-vie de bonne qualité.   8 lit.   »   —

Faites macérer pendant quinze à vingt jours, puis passez au travers d'un tamis de crin ; distillez le liquide au bain-marie pour cinq litres de produits ; ajoutez à ce dernier :

Eau filtrée............... 3 lit. 1/2. —
Sucre blanc............. 4 kil.   »   —

Lorsque la dissolution est complète, filtrez et mettez en bouteilles ; il faut avoir soin de couvrir votre filtre pour éviter l'évaporisation du spiritueux et de l'essence du Moka.

Crème de Rhum.

Rhum 1ʳᵉ qualité........ 4 lit.   »   —
Distillez au bain-marie pour retirer trois litres de produit ; ajoutez :

Eau filtrée............. 2 kil. 250 gr.
Sucre .... 1 — 250 —

Lorsque vous aurez fait dissoudre votre sucre dans l'eau, vous ajoutez le rhum distillé, vous filtrez dans un filtre fermé, et vous mettez en bouteilles.

Huile de Cannelle.

Cannelle de Ceylan............... 125 gr. —
Esprit de vin.................... 2 lit. 1/2.
    Faites macérer pendant soixante douze heures
à une douce chaleur ; ajoutez :
Sirop de sucre................... 4 kilog
Teinture d'ambre............... 25 gouttes.
    Mêlez le tout exactement, filtrez et mettez en
bouteilles.

Crême de Noyaux.

Amandes amères.............. 650   gram.
Feuilles de laurier amandées.... 2   feuilles.
Eau-de-vie à 22 degrés........ 2   lit. 1/2.
    Faites macérer à une douce chaleur pendant
huit à dix jours, puis distillez au bain-marié
pour retirer 1 litre 1/2 de liqueur ; ajoutez :
Sirop de sucre.............,.. 3 k. 250 g.
Eau de fleurs d'oranger......... » — 200 g.
    Mêlez exactement, filtrez et mettez en bou-
teilles.

Liqueur d'Angélique.

Graines d'angélique .... 250 gram.

Girofle........................... 8 gram.
Vanille .... 1 goutte
Esprit de vin..................... 2 litres.

Mettez à infuser le tout pendant huit jours et distillez pour obtenir presque vos deux litres d'esprit ; faites fondre :

Sucre........................... 3 k. » —
Dans eau....................... 1 k. 750 gr.

sur un feu très doux , et au moment où le sirop est bouillant versez immédiatement dans une cruche en grès contenant râpures de tiges d'angélique verte............................. 250 gr.
et de curcuma en poudre............ 8 gr.

Laissez refroidir, et versez dessus les deux litres d'esprit distillé ; laissez infuser pendant un mois ou six semaines , filtrez et mettez en bouteilles.

Cette liqueur est stomachique.

Liqueur de pétales de Roses.

Roses fraîches, mondées de leurs calices. 500 gr.
Sucre en poudre.................... 1 kil.

Mettez le sucre et les roses par couches dans un bocal ou vase quelconque, qui puisse fermer hermétiquement ; vous placerez ce vase dans un endroit frais ; quand le sucre sera entièrement dissout , vous ajouterez.

Eau-de-vie de bonne qualité.. 2 litres 25 centil.
Que vous aurez soin de colorer avec :
Cochenille . . . . 1 gramme.
Alun. 1   —
Vous mêlerez, filtrerez et mettrez en bouteilles.

Liqueur de noix de Madacascar.

Noix de Madagascar. . . . . n° 4
Eau-de-vie de bonne qualité (22°) 2 k. 600 gr.

Concassez les noix et faites macérer pendant trois semaines ou un mois dans l'alcool, en ayant soin d'agiter la bouteille tous les jours deux ou trois fois ; vous filtrez, et vous ajoutez le jus d'un citron avec :

Sucre bien blanc. . . . . 2 kilog.

Lorsque votre sucre sera entièrement dissout, vous filtrez de nouveau et vous conservez en bouteilles.

Anisette.

Anis vert. . . . . 61 gram.
Coriandre. 31   —
Cannelle 2   —
Clous de girofle. . . . . n° 2   —
Eau-de-vie à 22 degrés. . . . . 2 lit.
Sucre en poudre.. . . . . 1 kilog.

Concassez le tout et laissez infuser trois semaines ou un mois, ensuite exprimez légèrement
et filtrez ; mettez ensuite en bouteilles.

Vespetro.

Graines d'angélique..................	20 gr.
— de coriandre..................	32 —
Anis..............................	8 —
Fenouil...........................	6 —
Carvi.............................	3 —
Muscade râpée.....................	3 —
Eau-de-vie à 22°............. 2 litr.	1/ 2
Sirop de sucre................. 1 k.	250 gr.

Vous faites macérer pendant un mois ; vous
filtrez et mettez en bouteilles.

Extrait d'absinthe.

Sommités d'absinthe majeure.....	2 kilog.
» mineure......	1 —
Racines d'angélique.............	122 gram.
Calamus aromaticus............	122 —
Semences d'anis étoilé (badiane)...	60 —
Citronelle.......................	60 —
Feuilles de dictame de crête.......	30 —
Alcool à 22 degrés..............	18 litres.

On fait macérer ces substances pendant huit jours ; on distille ensuite à un feu doux et on retire 9 litres d'esprit, auxquels on ajoute :

Huile essentielle d'anis vert..... 8 gr.

Ce qui reste dans l'alambic sert à la préparation de l'eau vulnéraire.

Cacis.

On prend six kilogrammes de cacis égrappé ; on fait infuser pendant trois semaines ou un mois dans de l'esprit de vin..... 10 litres.

On ajoute à ce cacis :

Cachou en poudre....... 20 grammes.

Pétales ou fleurs d'œillets.. 15 —

Anis étoilé............... 8 —

Cannelle .... 8 —

Après avoir fait macérer, on tire l'alcool au clair; on met les grains sous la presse; on en exprime tout le jus; on mélange avec le premier tiré ; on place dans un baril, puis on ajoute sur deux parties de jus :

Vin blanc........... trois parties.

On met ensuite un demi-kilogrammes de sucre par deux kilogrammes de liqueur au plus; on abandonne ensuite la liqueur dans un petit baril plusieurs mois, Avant de soutirer, on colle cette liqueur comme on le fait pour le vin ; puis on filtre à la chausse et on conserve en bouteilles.

Le cacis fait d'après cette recette est bon, a un goût agréable, et l'arôme du fruit ne domine pas trop ; lorsqu'il est vieux, il a quelque ressemblance avec le vin du Cap.

Si on laisse la liqueur pendant pendant plusieurs mois dans le baril, elle gagne beaucoup, et elle est excellente après une année de bouteille.

RATAFIAS

Ratafia d'œillets.

L'œillet qu'on emploie est à fleurs simples ;
quatre pétales en tout, d'un rouge foncé, presque
noir et bien velouté ; on cueille ces fleurs après le
lever du soleil, par un beau temps, et en assez
grnade quantité pour remplir des seules pétales le cruchon ou bocal où doit se faire l'infusion ; on ajoute :

Clous de girofle.

Cannelle.

Macis en poudre.

On remplit le vase de bonne eau-de-vie, on
bouche bien et on laisse au soleil pendant six
semaines ou deux mois ; après ce temps, les pé-

tales se sont décolorées, et l'alcool retient la teinture et l'odeur de la fleur ; on verse sur un tamis,
on reçoit la liqueur dans un vase et on jette les
pétales qui restent sur le tamis. On fait fondre
dans deux parties d'eau une partie de sucre que
l'on fait cuire à consistance de sirop, et l'on ajoute **deux parties de liqueur sur une de sucre** ou
sirop ; on remet le tout, mélangé dans les proportions précitées, dans le vase; on bouche bien, on
le place de nouveau au soleil pendant trois semaines ou un mois ; puis on filtre et on met en
bouteilles.

Ratafia de fruits rouges.

Cerises mûres............	3 kilog.	—	»
Framboises...............	1	500	gr.
Fraises	1	500	—
Groseilles........	1	500	—
Merises	1	—	» —
Guignes	»	500	—

On épluche bien ces fruits ; on les laisse fermenter pendant vingt-quatre heures seulement ;
on les exprime ensuite à travers un linge fort et
dont le tissu ne soit pas serré ; on verse sur chaque litre de jus un litre d'eau-de-vie, et sur chaque litre de ce mélange 190 grammes de sucre;

on remue bien le tout ; par chaque litre de liqueur obtenue, on ajoute cinq grammes d'amendes amères concassées, ou mieux, de noyaux d'abricots concassés ; on donne le parfum avec de l'esprit de girofle, et si le ratafia paraît trop faible, on y ajoute une quantité suffisante d'alcool à 34° à l'aréomètre de Beaumé. Le ratafia aromatisé au point convenable se met dans des cruches ou bocaux qu'on bouche hermétiquement et qu'on place au soleil pendant six semaines ou deux mois, en remuant tous les jours ; on goûte alors le ratafia, on y ajoute les aromates que l'on croit nécessaires, on clarifie et l'on met en bouteilles.

Ratafia de brou de noix.

Eau-de-vie à 22 degrés............ 4 litres

On met à infuser pendant trois mois :

Noix............................... 50

un peu grosses, mais dont la coquille n'est pas formée, de manière qn'une épingle puisse facilement passer au travers ; on concasse les noix, et après le temps de l'infusion, on passe le tout à travers un tamis ; on laisse égoutter et on jette le marc ; on aromatise avec les esprit de cannelle et de macis, et de girofle si on veut ; on adoucit avec le sirop.

Ratafia de fleurs d'Orangers.

Dans une petite bassine, on met trois kilogrammes de sucre dans un kilogramme cinq cents grammes d'eau ; on fait fondre sur un feu doux jusqu'à ce que le sirop soit amené à 30 degrés étant bouillant ; alors on y jette cinq cent cinquante grammes de fleurs d'oranger bien épluchées, ne mettant que les fleurs blanches ; on retire de suite la bassine du feu, en remuant le tout ; après avoir placé ce mélange dans un vase de faïence, on y ajoute huit litres d'eau-de-vie ; on couvre bien le vase qu'on lute hermétiquement ; on le place au bain-marie à une chaleur très douce pendant huit heures ; on le retire du feu, on filtre la liqueur, et on la met en bouteilles.

Dans les campagnes où l'on a des pieds d'oranger, on fait la cueillette tous les jours ; on monde les fleurs de leur calice, et l'on place les pétales lit par lit, avec du sucre en poudre, dans un vase couvert ; les fleurs se conservent bien, et le sucre se sature de leur parfum ; la récolte achevée, on procède à la préparation de la liqueur ; on a dû peser à l'avance la quantité de sucre en poudre employée ; s'il s'en trouve, par exemple, quatre cents grammes d'employé, on verse sur le mélange de fleurs et de sucre un kilogramme cinq cents grammes de bonne eau-de-vie, qui se trouvera dans la même proportion que nous avons indiquée; on achèvera la manipulation que nous avons décrite.

Ratafia de noyaux de Pêches, Abricots et Cerises.

On se sert d'un bocal en verre ou d'une cruche en grès ; on met dans le vase deux tiers d'eau-de-vie de 3/6 ; on jette les noyaux de pêche pour remplir l'autre tiers. Dans les ménages, on remplit la cruche, en ajoutant chaque jour les noyaux des fruits que l'on mange ; lorsque le vase est rempli (on doit toujours avoir le soin de fermer le vase hermétiquement), on le place dans un lieu sec et dont la température soit un peu élevée. Après une année, on vide le vase et on ajoute la moitié d'eau ; on met trois cent soixante-quinze grammes de sucre par litre de liqueur ; on laisse fondre le sucre en remuant de temps en temps ; lorsque le sucre est fondu, on filtre la liqueur, qui est faite et excellente ; si on laisse infuser les noyaux deux ou trois ans, la liqueur est infiniment meilleure ; il suffit pour cela de commencer la première année par une quantité un peu plus grande.

Lorsqu'on veut faire de la liqueur de noyaux d'abricots, on procède de la même manière, seulement on broie les noyaux pour en rejeter l'amande.

On fait aussi d'excellent ratafia avec les noyaux de cerises, que l'on fait infuser de la même manière dans l'eau-de-vie. On choisit les noyaux de cerises noires ; ce ratafia acquiert un goût de maroquin, qui est une des liqueurs les plus agréables.

GELÉES.

Gelée simple.

On met dans une casserole telle quantité
voulue de colle de poisson, de colle d'écaille ou
de gélatine que l'on fait préalablement tremper
dans l'eau pure pendant cinq ou six heures, si
l'on s'est servi de gélatine, et dix à douze heures,
si l'on s'est servi de colle de poisson ; on ajoute
huit verres d'eau par once de colle de poisson, ou
quatre verres par once de gélatine; on fait bouillir;
quand tout est fondu parfaitement, on laisse refroidir un peu ; on ajoute à la dissolution un
blanc d'œuf battu dans une petite quantité d'eau
(un blanc d'œuf suffit par 500 grammes) ; on
mélange le tout, on remet sur le feu ; lorsque

l'ébullition commence à se produire, on jette dans le mélange quelques gouttes de jus de citron ou d'eau rendue acide en y faisant fondre un peu d'acide tartrique ; cette opération rend la gelée plus limpide ; alors on filtre à travers une chausse ou linge ; on remet sur le feu et on fait réduire rapidemeut jusqu'à ce qu'on n'ait plus qu'un verre de dissolution gélatineuse par once de colle employée, ou par deux onces de gélatine ou de colle d'écaille ; on ajoute à cette dissolution une égale quantité de sirop de sucre simple ; on mélange le tout et on remplit les vases, qui ne doivent être que de la contenance d'un demi-litre ; ou bouche parfaitement et on conserve au frais,

Cette gelée se conserve longtemps ; lorsqu'on veut l'employer, on l'aromatise de l'une des manières suivantes :

Gelée de Violettes.

On fait infuser dans un peu d'eau bouillante deux petits paquets de fleurs de violettes fraîches, auxquels vous ajoutez une pincée de graine de cochenille ; lorsque l'infusion est tiède, on y verse trois verres de gelée simple et un petit verre de kirchwaser, ou du jus de citron, au choix.

Pour opérer le mélange plus facilement, on met quelques instants la bouteille de gelée dans l'eau chaude pour faire fondre ; lorsque le tout est mélangé, on vide dans un moule ; s'il n'est pas plein, on ajoute de l'eau, et au besoin assez de sirop de sucre pour sucrer convenablement ; on fait prendre la gelée et on la dresse comme il est indiqué plus loin.

Gelée de Roses.

On opère comme pour la gelée de violettes, en substituant des roses effeuillées aux violettes et en ajoutant un demi-verre d'eau de roses.

Gelée de Fleurs d'Oranger.

La gelée de fleurs d'oranger se prépare comme la gelée de violettes : on emploie 625 centigrammes de fleurs d'oranger, ou une quantité équivalente d'eau de fleurs d'oranger.

Gelée de Fraises.

On exprime le jus de 500 grammes de fraises et de 250 grammes de groseilles ; on y ajoute un peu d'eau ; on laisse reposer douze heures, on filtre et on mélange avec deux verres de gelée simple. On peut remplacer le jus de groseilles par le jus de deux citrons.

Gelée de Jasmin.

Comme la gelée de violettes : on emploie 3 grammes de fleurs de jasmin.

Gelée de Raisin Muscat.

Se prépare comme la gelée de violettes : on exprime le jus d'un kilogramme de raisin.

Gelée d'Oranges.

On ajoute à trois verres de gelée simple le jus de douze oranges et de deux citrons ; on filtre. Pour plus d'économie, on peut remplacer le jus d'orange par une quantité équivalente d'eau légèrement acidulée en y faisant fondre de l'acide nitrique ou de l'acide tartrique.

Gelée de Citrons.

On ajoute à trois verres de gelée simple le jus de douze citrons ; on filtre ; on aromatise avec

un morceau de sucre frotté sur le zeste des citrons, ou avec quelques gouttes d'essence de citron versées sur un morceau de sucre. On peut
employer, au lieu de jus de citron, la dissolution
d'acide citrique (voyez la gelée de violettes).

Gelée au Thé.

On ajoute à la gelée simple une infusion de
thé, un demi-verre de kirchwaser (voyez la gelée de violettes).

Gelée de Punch.

Deux verres de gelée simple mélangés avec une
quantité suffisante de punch (voyez la gelée de
violettes).

Gelée de Vin de Champagne.

On ajoute, à trois verres de gelée simple,
le jus d'un citron, une décoction de douze
graines de cochenille dans un peu d'eau et deux
verres de bon vin de Champagne rosé.

Gelée d'Anisette.

A trois verres de gelée simple, on ajoute un
verre et demi d'anisette de Bordeaux.

Manière de dresser les gelées.

La méthode la plus simple consiste à verser la gelée tiède dans de petit pots, et à la laisser se coaguler au frais, ce qui exige quelquefois plusieurs heures, surtout en été.

Le plus ordinairement, on fait coaguler dans un moule d'entremets en ferblanc. Au moment de servir, on met le moule dans de l'eau assez chaude pour que l'on n'y puisse tenir la main qu'avec peine ; on retire le moule aussitôt et on le renverse sur un plat ; on enlève de suite le moule, la chaleur en ayant détaché la gelée. Si un peu de gelée fondue avait coulé dans le plat, on l'aspirerait avec un tuyau de paille.

CRÈMES.

Crème Blanche.

On délaie les jaunes de six œufs frais dans deux pintes de crème ; on y jette une bonne cuillerée à bouche de fleurs d'orange confites au liquide(1) ; puis on met le vase sur le feu ; quand cette

---

(1) Pour préparer de la fleur d'orange confite au liquide, on choisit un kilogramme de fleurs d'orange qui soient blanches, bien nourries, cueillies avant le lever du soleil, et dans un temps sec ; on en détache les pétales et les étamines sans les froisser ; on les tient dans un lieu frais ; on rejette les calices et les pistils ; après cette préparation préliminaire, on fait clarifier et cuire deux kilogrammes de sucre au petit filet, puis on retire le vase du feu ; on laisse refroidir pendant sept ou huit minutes ; on y

crème a fait un bouillon couvert, on la coule au travers d'un tamis; on écrase les feuilles de la fleur de manière à les faire passer au travers du tamis, et on fait fondre trois cents grammes de sucre blanc dans ce liquide, que l'on met en réserve dans un lieu frais, jusqu'à ce qu'on le soumette à la congellation.

Crème brûlée.

On délaie le jaune de six œufs frais dans deux pintes de crème; on y jette soixante grammes de fleurs d'orange grillées ou prâlinées et une cuillerée de caramel; puis on met le vase sur le feu; on agite sans discontinuer avec une cuiller de bois, et quand ce liquide a jeté quelques bouillons, on le coule dans un tamis; on écrase la fleur comme pour la crème blanche; on y fait fondre trois

---

jette la fleur d'orange, qu'on mêle avec le sirop; quand ce mélange est bien refroidi, on met le vase sur le feu; on chauffe jusqu'à ce que le liquide soit à un degré au-dessous du sucre bouillant; on retire le vase du feu, et lorsque tout est de nouveau refroidi, on remet le vase sur le feu, et on fait cuire jusqu'à ce que le sirop soit au fort filet, puis on met en réserve pour s'en servir au besoin.

cent soixante grammes de sucre, et on met en réserve.

Crème aux Pistaches.

On choisit des pistaches de l'année, qui soient bien vertes et nouvellement cassées ; on en pèse 100 grammes que l'on jette dans l'eau bouillante, et quand la peau se détache des amandes en froissant avec les doigts, on les jette sur un tamis ; on les monde de leur écorse ; on les broie dans un mortier, en observant d'y ajouter 30 grammes de sucre et de les arroser avec une quantité suffisante d'eau de fleur d'orange double ; lorsque cette opération est finie, on délaie le jaune de six œufs frais dans deux litres de crème ; après quelques bouillons, on la coule au travers d'un tamis ; on y fait fondre trois cents grammes de sucre, et on délaie la pâte de pistaches avec une cuiller, en y versant peu à peu un demi-litre de la même crème toute chaude ; on passe ce liquide au travers d'une étamine ; on exprime avec les doigts jusqu'à ce qu'il ne reste plus rien ; on mêle le tout ensemble, et on met en réserve dans un lieu frais, pour glacer au besoin.

Crème au chocolat.

On verse deux litres de crème dans une choco-
latière; on y jette deux cent cinquante grammes
de chocolat à la vanille, qu'on a préalablement
coupé par morceaux ; on ajoute cent vingt-cinq
grammes de sucre ; on approche le vase du feu, on
chauffe et on entretient le liquide au degré de
chaleur de l'eau bouillante, en prenant le soin
d'agiter souvent et fortement ; on éloigne le vase
du feu, et quand la liqueur est à moitié refroidie,
on y délaie les jaunes de quatre œufs frais ;
on chauffe encore au même degré, en agitant sans
discontinuer, puis on met au frais jusqu'au moment de la congélation.

Crème à la Vanille.

On délaie les jaunes de six œufs frais dans
deux litres de crème ; on met le vase sur le feu ;
on agite continuellement avec une cuiller de
bois ; lorsque cette crème a jeté un bouillon couvert, on la coule au travers d'un tamis de crin ;
on y fondra trois cents grammes de sucre avec

soixante grammes de pastilles de vanille (1), et on met dans un lieu bien frais.

---

(1) Pour faire les pastilles de vanille, on coupe par petits morceaux cent vingt grammes des gousses de la meilleure vanille du Mexique, que l'on jette dans un mortier de fonte avec quinze centigrammes d'ambre gris et trente grammes de sucre blanc, puis on pile pour réduire ces substances en poudre : alors, on passe au travers d'un tamis de soie, on pile encore ce qui n'y a pas pu passer, et on passe la nouvelle poudre obtenue ; on pile et on passe jusqu'à ce que le tout soit réduit en poudre très fine ; on met cette poudre dans un vase de verre ou de faïence que l'on tient bien bouché, puis on jette quinze grammes de gomme adragant dans un mortier de marbre, et on pile, en observant d'arroser de temps en temps et peu à peu, avec de l'eau de rivière, jusqu'à ce que cette gomme soit totalement fondue et convertie en un mucilage épais que l'on passe au travers d'un linge ; on délaie d'abord la poudre de vanille dans ce mucilage, que l'on agite fortement avec une cuiller de bois, et on y jette peu à peu du sucre blanc que l'on a également réduit en poudre très fine ; quand le liquide a acquis assez de solidité, on le pétrit avec du sucre en poudre, jusqu'à ce qu'il ait la même consistance que la pâte de pain ; puis on sépare cette pâte par petits morceaux, que l'on roule ensuite sur le marbre avec les doigts, ou bien on en fait des abaisses que l'on étend l'une après l'autre sur le marbre avec un rouleau de

Les crèmes à la cannelle, au girofle, à l'œillet giroflé, se font de la même manière que celle à la vanille, à l'exception qu'on fait bouillir, dans

---

buis, et lorsqu'elles sont suffisamment étendues , on y imprime de petits carrés avec un rouleau crénelé ; on enlève ces abaisses avec un couteau dont la lame est large et flexible ; on les met chacune sur une feuille de papier blanc, et lorsquelles sont un peu ressuyées, on les coupe avec des moules de ferblanc ; on étale ces pastilles pendant douze ou quinze heures sur d'autres feuilles de papier blanc ; on les jette ensuite dans des tamis de crin ; on les fait sécher, et on les met en réserve dans des vases de verre que l'on tient bien bouchés.

PASTILLES DE SAFRAN. — On prend soixante grammes de fleurs de safran du Gâtinois, que l'on jette dans un mortier de fonte , avec soixante grammes de sucre, dix centigrammes d'ambre gris, et soixante grammes de tiges d'angélique confites au sucre et tirées au sec ; on pile ces substances jusqu'à ce qu'elles soient réduites en poudre très fine ; alors on passe au travers d'un tamis de soie ; on pile encore ce qui n'a pu passer, et on pile et compasse jusqu'à ce que le tout soit réduit en poudre très-fine ; on jette quinze grammes de nouvelles fleurs de safran dans un huitième de litre d'eau froide ; on approche le vase du feu , on chauffe , et on entretient le liquide pendant six heures , à deux degrés de chaleur au-dessous de l'eau bouillante ; on laisse re-

celle au safran, quinze grammes de tige d'angélique confite.

Beaucoup de personnes tirent la teinture de

---

froidir ; on coule la liqueur au travers d'un tamis de
crin , et quand le marc est bien égoutté, on le rejette
comme inutile ; on expose cette teinture de safran pendant vingt-quatre heures à l'air libre, puis on jette vingt-
deux grammes de gomme adragant dans un mortier de
marbre ; on pile en arrosant de temps à autre, en
versant peu à peu de la teinture de safran, et jusqu'à
ce que cette gomme soit bien divisée et qu'elle forme
un mucilage épais que l'on passe ensuite au travers
d'un linge ; on délaie d'abord cette teinture mucilagineuse, que l'on agite fortement avec une cuiller de
bois, et si ce mélange paraît plus fluide que celui de
la vanille,on laisse le vase pendant vingt-quatre heures à
l'air libre, en agitant de temps en temps ; on suit ensuite
les mêmes procédés que pour les pastilles de vanille.

PASTILLES DE CANNELLE. — On pèse 120 grammes de cannelle ; on casse les écorces par morceaux
que l'on jette dans un mortier de fonte, avec quinze décigrammes d'ambre gris et quinze grammes de gousses
de vanille coupée par petits morceaux; on pile et on passe
ces substances au travers d'un tambour de soie,autant de
fois qu'il est nécessaire pour être totalement réduite en
poudre impalpable ; on met cette poudre de cannelle dans
un vase que l'on tient bien bouché, puis on jette vingt-

ces substances au moyen de leur infusion dans la crème ou dans l'eau ; mais comme ces diverses substances aromatiques, étant triturées avec le

---

deux grammes de gomme adragant dans un mortier de marbre ; on pile et on arrose au fur et à mesure, jusqu'à ce que cette gomme soit fondue, divisée, et qu'elle forme un mucilage épais comme de la bouillie, que l'on passe au travers d'un linge ; on jette peu à peu la poudre de vanille dans ce mucilage ; on agite fortement avec une cuiller de bois, et on ajoute ensuite autant de sucre en poudre qu'il en faut pour donner à cette pâte la même consistance qu'à celle du pain, puis on la sépare par petits morceaux, auxquels on donne la forme voulue, et quand ces morceaux sont ressuyés, on les fait sécher ; on laisse refroidir et on met dans des vases de verre que l'on tient bien bouchés.

PASTILLES D'ŒILLETS.— Quand on fait réduire du sucre blanc en poudre impalpable, on verse un demi-litre d'eau d'œillets aromatisée de girofle, dans un pot de faïence dans lequel on met trente grammes de gomme adragant que l'on laisse fondre naturellement, en agitant ce liquide deux ou trois fois le jour, avec une cuiller d'argent ; on a soin de tenir le vase bien bouché ; lorsque cette gomme est bien fondue, on passe et on exprime ce mucilage aromatique à travers un linge ; puis on fait triturer sur le marbre quinze grammes de carmin avec environ trois cent cinqnante grammes de sucre préparé ,

sucre et converties en pastilles, se divisaient et
s'incorporaient non-seulement plus uniformé-
ment avec la crème, mais encore que la gomme

---

et que l'on mêle ensuite avec le mucilage, en agitant
fortement avec une cuiller en bois ; on ajoute trois ou
quatre gouttes d'essence éthérée d'ambre et autant de
poudre de sucre nécessaire pour donner à cette pâte la
même consistance qu'à celle du pain ; on la divise par
petites portions auxquelles on donne la forme voulue ; on
fait ressuyer et sécher, on met ensuite ces pastilles dans
un vase de verre que l'on bouche bien.

PASTILLES DE GIROFLE. — Lorsqu'on a fait un
bon choix de girofle, on en jette trente grammes dans
un mortier de fonte avec trente cinq décigrammes d'é-
corce de canelle et quinze décigrammes de macis ; on
pile et on passe au tambour de soie, jusqu'à ce que ces
substances soient réduites en poudre impalpable, que
l'on renferme ensuite dans un vase de verre ou de faïence ;
puis on jette vingt-deux grammes de gomme adragant
dans un mortier de marbre et on pile cette gomme, en
observant d'arroser de temps à autre ; on continue d'arroser avec un demi verre d'eau d'œillet aromatisée de girofle ; on passe ensuite ce mucilage au travers d'un
linge, et y on délaie d'abord, avec quelques gouttes d'essence éthérée d'ambre, la poudre de girofle qui a été
mise en réserve et à laquelle on ajoute peu à peu du
sucre blanc que l'on a également fait réduire en poudre

adragant, qui sert à donner une consistance so-
lide aux pastilles, communiquait aussi un ton
plus velouté à ces crèmes ; nous insistons sans
balancer sur la préférence à donner aux pastilles.

Crème aux Amandes.

On fait choix de cent-vingt-cinq grammes d'a-
mandes douces de Provence et de 15 grammes
de celles d'abricots ; on les jette dans l'eau
bouillante, et quand la peau se détache en froissant avec les doigts, on les jette sur un tamis ; on
les monde de leur écorce ; on les broie sur la
pierre avec le cylindre d'acier, prenant soin d'y
ajouter trente grammes de sucre, et d'arroser
avec une quantité suffisante d'eau simple ; ensuite on délaie les jaunes de six œufs dans deux
litres de crème, auxquels on donne un bouillon

impalpable ; on agite fortement avec une cuiller en bois,
et quand ce liquide a acquis assez de solidité, on le
pétrit avec la poudre de sucre, jusqu'à la même consistance que la pâte de pain ; on sépare cette première
pâte par petits morceaux, auxquels on donne la forme
du clou de girofle, et que l'on fait ressuyer et sécher ; on
laisse refroidir et on met dans un vase de verre que l'on
tient bien bouché.

couvert et que l'on coule comme pour les crèmes précédentes ; on y fait fondre trois cent soixante-dix grammes de sucre, et on délaie cette pâte d'amandes avec une cuiller, en y versant peu à peu environ un demi-litre de la même crème toute chaude, qu'on passe ensuite au travers d'une étamine ; on exprime jusqu'à ce qu'il ne reste plus rien , on mêle le tout ensemble et on met au frais.

Crème aux noyaux de Cerises.

On fait choix de noyaux de cerises nettoyés et desséchés ; on en jette deux cents grammes dans un mortier de marbre, on les écrase , on les jette dans un vase de grès avec quatre cent trente grammes sucre, puis on délaie les jaunes de six œufs frais dans deux litres de crème ; on place le vase sur le feu ; on agite continuellement avec une cuiller de bois, et quand ce liquide a jeté un bouillon couvert, on le jette tout bouillant sur les noyaux de cerises ; on agite de nouveau, on laisse infuser pendant une heure ; on coule à travers un tamis de crin, et on met en réserve.

Crème au Thé.

On délaie les jaunes de six œufs frais dans deux litres de crème ; on y jette quinze grammes de

thé, qu'on a préalablement réduit grossièrement
en poudre ; on met le vase sur le feu ; on agite
le liquide comme il a été expliqué pour les crèmes précédentes ; on le fait bouillir pendant trois
ou quatre minutes, et on le verse dans un vase
de grès ; on y fait fondre trois cent soixante quinze
grammes de sucre ; on couvre exactement le
vase ; on entretient ce liquide pendant une heure
au même degré de chaleur, puis on coule au travers d'un tamis fin ; on y ajoute trente grammes
de sirop de violettes, et on met dans un lieu frais.

Crème au Café.

On prend deux cent cinquante grammes de
café Moka ; on le fait griller ; on le vanne, tant à
l'effet d'en extraire la fumée qui s'en exhale, que
pour en distraire les pellicules qui se sont détachées
pendant la torréfaction ; on jette ensuite cette
graine toute chaude dans deux litres de crème
cuite et bouillante, dans laquelle on a délayé les
jaunes de six œufs frais ; on couvre le vase qui
contient ces substances ; on le place dans un bain
qu'on échauffe et qu'on entretient pendant deux
heures à 60 degrés ; puis on laisse refroidir ; on
coule le liquide au travers d'un tamis; on y fait fondre cinq cents grammes de sucre, et on met au frais.

SORBETS.

Sorbet d'Abricots.

On prend de beaux abricots, d'une belle couleur jaune tirant sur le blanc ou sur celle auro-
re; on en prend vingt, on les sépare en deux parties,
on met les noyaux en réserve ; on arrange chacune
de ces moitiés de fruit dans une terrine de grès,
les unes contre les autres et par lits, en observant d'exprimer seulement avec le pouce, qu'on
appuie sur la superficie de chacune d'elles; on y
verse un quart de verre de suc de verjus, et on
laisse infuser pendant trois ou quatre heures,
puis on écrase le fruit avec une cuiller de bois,
jusqu'à ce qu'il soit converti en marmelade, que
l'on passe ensuite dans un tamis dont le tissu ne
soit pas trop serré; on jette et on fait infuser,

pendant un quart-d'heure, dans de l'eau tiède, toutes les pellicules qui sont restées sur le tamis, et on passe comme précédemment. On fait fondre dans le liquide sept cents grammes de sucre blanc, et on y mêle deux cuillerées à café d'eau de fleurs d'orange; on casse sept ou huit des noyaux réservés; on monde les amandes de leur peau ; on les broie avec un peu de sucre et jusqu'à ce qu'elles soient réduites en poudre; on délaie cette pâte, en y versant peu à peu du liquide sucré; on mêle le tout ensemble, on agite fortement le mélange, que l'on met ensuite au frais.

Sorbet de Cerises.

On fait un bon choix de cerises ; on les monde de leurs queues ; on en sépare les noyaux que l'on met en reserve; on pèse deux kilogrammes cinq cents grammes de fruit que l'on jette dans un mortier de marbre, et que l'on écrase ; on y verse un demi-litre d'eau pure, avec deux cuillerées à café d'esprit acide de citron, ou trois, si les cerises sont bien mûres; on laisse infuser pendant deux ou trois heures; puis on lave et on frotte fortement les noyaux les uns contre les autres; lorsque la pellicule qui recouvrait le bois, est complétement détachée, on les écrase dans un mortier, et on les jette avec sept cents grammes de sucre dans un vase de grès que l'on couvre d'un gros linge ; on coule le liquide au travers ; on exprime le marc à la presse ; on agite fortement le liquide obtenu avec une cuiller de bois, et quand le sucre est totalement fondu, on filtre au travers de la chausse de drap jusqu'à ce que la liqueur soit bien limpide.

Sorbet de Citrons.

On fait fondre sept cent cinquante grammes de sucre blanc dans un litre d'eau limpide ; on choisit dix citrons d'Italie, on les essuie avec un linge et on les coupe transversalement en deux parties; on prend l'une après l'autre chacune de ces moitiés de citrons, on les place entre le pouce et l'index, on exprime avec l'autre main et de manière à rompre les vésicules qui renferment le suc de ce fruit ; on les plonge dans l'eau sucrée, on exprime de nouveau en sens contraire, et assez fortement pour rompre les petites cellules qui renferment les globules d'huile essentielle qui reside dans l'écorce jaune ; on coule le liquide au travers d'un tamis de crin dont le tissu soit serré, et on met à part dans un lieu frais.

Sorbet de Café.

On jette cent vingt-cinq centigrammes de gomme, adragant la plus blanche, dans un mortier de marbre, et on pile en prenant le soin d'arroser de temps à autre avec un peu d'eau simple; on continue de piler jusqu'à ce que cette gomme soit bien fondue, et qu'elle forme une espèce de mucilage épais, qu'on laisse dans le mortier; puis on fait choix de vingt-deux grammes de café Moka; on le fait griller et on le vanne pour en distraire les pellicules qui s'en détachent pendant la torréfaction; on jette cette graine toute chaude dans un litre d'eau tiède; on approche le vase du feu, on chauffe et on entretient le liquide, pendant une heure et demie, à soixante-dix degrés de chaleur; on retire alors le vase du feu, et lorsque le tout est refroidi, on coule au travers d'un linge; on jette la graine du café comme inutile, et on achève de délayer la gomme adragant avec une partie du liquide obtenu; on passe le mélange au travers d'un linge; on mêle parfaitement; on y fait fondre sept cents grammes de sucre et on met au frais.

Sorbet d'Epine-Vinette.

On pèse deux kilogrammes d'épine-vinette ;
on les jette dans un mortier de marbre ; on écrase
ces fruits avec précaution, et on y verse un litre d'eau ; on laisse infuser pendant une heure ;
on coule le liquide au travers d'un gros linge, et
on exprime le marc sous la presse ; on pèse sept
cent cinquante grammes de sucre , on le jette
dans la liqueur, et quand il est totalement fondu,
on filtre au travers de la chausse de drap.

Sorbet de Fraises.

On prend quatre cent cinquante grammes de
fraises, qu'on monde de leurs queues ; on les
écrase , on ajoute un litre d'eau , on verse dans
un vase; on y met une grande cuillerée à café
d'esprit acide de citron, avec la même quantité
de bonne eau de fleurs d'orange, et on laisse infuser pendant deux ou trois heures ; on pèse trois
cents grammes de sucre blanc que l'on jette dans
un autre vase; on le couvre d'un gros linge, à travers lequel on coule le liquide; on exprime le
marc sous la presse, et lorsque le sucre est totalement fondu, on filtre au travers de la chausse

de drap jusqu'à ce que la liqueur soit bien limpide.

Sorbet de Framboises.

On pèse quatre cent cinquante grammes de framboises fraîchement cueillies; on les monde de leurs queues, on les écrase dans un mortier de marbre; on y verse la même quantité d'esprit acide de citron que pour le sorbet de fraises; on laisse infuser pendant deux ou trois heures, on coule le liquide au travers d'un gros linge, on exprime le marc sous la presse, puis on pèse cinq cent cinquante grammes de sucre blanc, et quand ce sucre est totalement fondu on filtre au travers de la chausse de drap.

Sorbet de Fleurs d'Orange.

On jette dans un vase de grès deux cuillerées à bouche de fleurs d'oranges confites au liquide(1), puis on les écrase avec une cuiller de bois; on y verse une quantité suffisante d'eau tiède;

---

(1) Voyez *Crème blanche*. Nous avons donné la préparation des fleurs d'orange confites au liquide.

on laissé infuser pendant une heure ; on y jette
sept cents grammes de sucre blanc, et lorsque
ce sucre est totalement fondu, on y ajoute un
filet de suc de verjus, avec une cuillerée à café
de bonne eau de fleurs d'orange ; on agite fortement le mélange, on le passe au travers d'un
tamis de crin dont le tissu soit serré ; on met
au frais.

Sorbet de Groseilles.

On prend deux kilogrammes de groseilles auxquelles on ajoute deux cent cinquante grammes
de framboises ; on jette le tout dans un mortier
de marbre ; on écrase ces fruits avec précaution,
et on y verse un litre d'eau ; on laisse infuser
pendant une heure ; on coule le liquide au travers d'un gros linge, et on exprime le marc sous
la presse ; puis on pèse huit cent soixante-quinze
grammes de sucre ; on le jette dans la liqueur,
et quand il est totalement fondu on filtre au
travers de la chausse de drap.

Sorbet de Groseilles framboisées.

Le sorbet de groseilles framboisées se prépare
comme le sorbet de framboises : on met deux

cent cinquante grammes de framboises et trois cent soixante-quinze grammes de groseilles ; on doit ajouter aux quantités de sucre prescrites dans le sirop de framboises, soixante grammes.

Sorbet d'Oranges.

On fait fondre six-cent-quatre-vingts grammes de sucre blanc dans un litre d'eau de rivière ; on choisit huit oranges du Portugal et deux citrons d'Italie ; on les essuie avec une serviette, on râpe les écorces d'oranges les plus odorantes et les moins amères ; on les coupe transversalement en deux parties, puis on exprime comme précédemment ; on coule le liquide dans un tamis de crin dont le tissu soit serré, et on met en réserve dans un lieu frais.

Sorbet d'OEillets.

On pile quatre grammes de cochenille ; on la fait infuser dans du suc de verjus ; on tient le vase bien bouché et on agite le liquide de trois heures en trois heures ; on prépare cent vingt-cinq centigrammes de gomme adragant, comme précédemment ; on jette sept cents grammes de sucre blanc dans une quantité suffisante d'eau de rivière, et quand le sucre est bien fondu, on y verse la teinture de cochenille, qu'on laisse encore infuser pendant deux heures ; on passe le liquide au travers de la chausse de drap ; on ajoute alors au liquide obtenu un filet d'eau d'œillets aromatisée de girofle, puis on agite fortement le mélange, qu'on met dans un lieu frais.

Sorbet de Pêches.

On choisit des pêches *Mignonne*, *Madeleine* ou *Garance;* on prend celles qui ont la peau fine, d'une belle couleur rouge, vive et claire, et on rejette toutes celles dont la couleur est obscure et verdâtre.

Lorsqu'on a fait un bon choix de ce fruit, on l'essuie avec une serviette, puis on en sépare dix ou douze en deux parties ; on arrange les noyaux dans le fond d'une terrine de grès ; on les recouvre avec les moitiés de pêche, qu'on dispose les unes contre les autres et par lit, en exprimant seulement avec le pouce qu'on appuie sur la superficie de chacune de ces moitiés de pêche ; on verse ensuite du suc de verjus sur ce fruit, et on laisse infuser pendant trois ou quatre heures, puis on enlève les noyaux, que l'on fait encore infuser dans une quantité suffisante d'eau tiède, et on écrase le fruit avec une cuiller de bois, jusqu'à ce qu'il soit converti en marmelade que l'on passe ensuite au travers d'un tamis dont le tissu ne soit pas trop serré; on jette toutes les pellicules qui sont restées sur le tamis dans l'eau qui contient les noyaux; on agite le tout ensemble, on laisse infuser pendant un quart-d'heure, et on coule comme précédemment; on y jette sept cents grammes de sucre blanc avec une cuillerée à café de bonne eau de fleurs d'orange; on agite encore le liquide jusqu'à ce que le sucre soit totalement fondu, et on tient dans un lieu frais pour glacer au besoin.

Sorbet de Prunes de Reine-Claude.

On choisit des prunes qui ont acquis sur l'arbre tout le degré de maturité nécessaire, dont la couleur soit claire et d'un vert jaunâtre. Quand on a fait un bon choix de quarante prunes, on les sépare en deux parties, on met les noyaux en réserve, on arrange dans une terrine de grès les moitiés de fruit, sur lesquelles on verse un filet de suc de verjus, on laisse infuser pendant trois ou quatre heures, et on écrase avec une cuiller

en bois, jusqu'à ce que le fruit soit en marmelade ; on passe au travers d'un tamis et on
fait infuser les pellicules comme précédemment ;
on passe ce dernier liquide, on y jette sept cents
grammes de sucre avec deux cuillerées à café
d'eau de fleurs d'orange, on agite fortement le
mélange, et quand le sucre est totalement fondu
on met au frais.

Sorbet de Roses.

On pile quatre grammes de cochenille, on la
fait infuser pendant vingt-quatre heures dans du
suc de verjus ; on tient le vase bien bouché, et
on agite le liquide de trois en trois heures ;
on prépare cent vingt-cinq grammes de
gomme adragant, comme précédemment ; on
jette sept cents grammes de sucre blanc
dans une quantité suffisante d'eau de rivière,
et lorsque ce sucre est bien fondu, on y verse
la teinture de cochenille, qu'on laisse encore infuser pendant deux heures ; on passe le liquide
au travers de la chausse de drap, on y ajoute de
l'eau de rose ; on agite fortement le mélange, et
on met dans un lieu frais.

Sorbet de Raisin Muscat.

On jette dix grammes de fleurs de sureau desséchées à l'ombre, dans un litre d'eau de rivière, et on en tire la teinture; on laisse refroidir cette teinture, puis on écrase un kilogramme cinq cents grammes de raisin muscat,
comme on fait pour la groseille; on y jette la
teinture de la fleur de sureau; on agite le mélange, on le verse dans un vase de grès; on y
fait fondre sept cents grammes de sucre, et on
exprime le suc de six ou sept citrons d'Italie;
on laisse infuser pendant une heure; on passe le
tout au travers d'un tamis de crin dont le tissu
ne soit pas trop serré, de manière qu'il ne reste
que les pépins et la peau du raisin; on tient ce
liquide dans un lieu frais.

On peut encore composer ce sorbet sans le secours du raisin muscat.

On jette quinze grammes de fleur de sureau
dans un litre d'eau; on en tire la teinture (1), on

TEINTURE DE SUREAU. — On jette les fleurs de sureau dans un vase rempli d'eau froide; lorsque le vase
est bien couvert, on fait chauffer jusqu'à un degré de

verse cette teinture dans une terrine en grès ; on y fait fondre sept cents cinquante grammes de sucre blanc , puis on exprime le jus de neuf ou dix citrons d'Italie, et on coule le liquide au travers d'un tamis serré.

---

chaleur au dessous de l'eau bouillante ; lorsqu'on remarque qu'il s'est formé une espèce d'écume sur la superficie de la liqueur , on l'éloigne un peu du feu : les fleurs se précipitent au fond du vase; alors on verse doucement la teinture de sureau.

PATES

Pâte feuilletée.

On prend un demi-quart de décalitre de fleur de
farine de froment, on la met sur une table, on
verse au milieu un verre d'eau avec quinze grammes de sel écrasé, on brasse le tout ensemble, et
on l'arrose s'il en est nécessaire, afin d'en faire
une pâte molle. On laisse reposer cette pâte pendant une demi-heure, afin qu'elle se ressuie, puis
on l'étend avec un rouleau à l'épaisseur d'un pouce
en la poudrant de farine, on prend cinq cents
grammes de beurre frais, qu'on étend sur la pâte,
on plie la pâte en double, de manière que le beurre

soit renfermé dedans, on étend de nouveau la pâte bien mince avec le rouleau, on fait ainsi cinq ou six fois, on la réduit enfin à l'épaisseur voulue en la poudrant de farine pour qu'elle ne tienne pas; cette pâte est bonne pour faire des tourtes de toutes façons. Si on veut une pâte demi feuilletée, on y met moins de beurre.

Tourte aux œufs.

On prend des jaunes d'œufs, du sucre, de l'eau de fleur d'orange et du beurre frais, on fait du tout une crême, on émiette en pâte fine avec de l'écorce de citron râpée par dessus, on fait cuire sans la couvrir et on glace en servant.

Tourte de Franchipane.

On prend un demi-litre de crême douce, on y ajoute cent-vingt-cinq grammes d'amandes pilées, soixante grammes d'écorce de citron confite, également pilée, deux jaunes d'œufs frais, deux macarons, du sucre, un peu d'eau de fleur d'orange. On mêle le tout et on passe à l'étamine, on fait cuire et on met en pâte très fine avec un peu de beurre frais par dessus, on couvre la tourte de la même tourte par bandelettes, ensuite on la dore, et on fait cuire.

Tourte de Pêche grillées.

On prend des pêches qui soient mûres, on les pêle proprement, on ôte les noyaux; on prend du sucre, de l'écorce de citron confite hachée, on met le tout dans un plat, on forme une pâte fine un peu ferme, on tire en une abaisse en tourtière sur laquelle on range les pêches et le reste; on fait cuire sans couvrir, on poudre de sucre et on sert la tourte chaude.

On peut faire de semblables tourtes de poires, de pommes et autres fruits, que l'on sert comme la précédente.

Tourte de Cerises.

On prend des cerises confites; on fait une pâte à demi-feuillletée; on tire en une abaisse sur la tourtière et on y range les cerises confites; on fait ensuite des petites bandes de pâte pour former, sur la tourtière, telle figure que l'on veut; on fait cuire et on glace avec du sucre fin; aussitôt la tourte cuite on la sert.

On peut faire ainsi des tourtes d'autres fruits confits, comme abricots, verjus, groseilles, framboises, etc.

Tourte à la Reine.

On prend cinq ou six bicuits, maspins ou macarons, du sucre et quatre ou cinq jaunes d'œufs ; on pile le tout ensemble dans un mortier, on y ajoute un peu d'eau de fleur-d'orange et on met sur une pâte feuilletée mise en abaisse sur une tourtière ; on fait cuire, avec feu dessus et dessous, la tourbière ; lorsque la tourte est cuite, on la glace, et on sert pour entre-met.

Pâte bise.

On prend un décalitre de farine de seigle, ayant soin d'en oter le son ; on le pétrit avec de l'eau chaude, et on le rend ferme en y mettant deux cent-cinquante grammes de beurre frais ; cette pâte est propre à faire des pâtés de viande qu'on transporte loin. Il faut que la croûte ait deux doigts d'épaisseur et que les pâtés soient bien cuits.

Pâte blanche pour gros pâté.

On prend un demi décalitre de fleur de farine, on fait une fosse au milieu dans laquelle on met un kilogramme de beurre frais ; on prend quatre-

vingt-dix grammes de sel parfaitement écrasé ;
puis on pétrit la pâte peu à peu, en l'arrosant
à différentes fois d'un peu d'eau tiède ; lorsque
la pâte est bien liée, on l'étend avec le rouleau,
et on jette un peu de farine dessus et dessous
afin qu'elle ne tienne pas à la table. Il faut, en
hiver, faire la pâte un peu plus grasse qu'en été,
afin de la pétrir plus aisément.

Pâte blanche

POUR TOURTE ET AUTRE PATISSERIES A MANGER CHAUDES.

On prend un kilogramme cinq cents grammes-
de beurre frais et cinq litres de farine, on pétrit
comme précédemment; cette pâte est propre
à faire des pâtés d'entrées de veau, de pi-
geonneaux, etc., etc., etc. Si l'on emploie cette
pâte à faire quelque pièce de four, on abaisse
la pâte d'épaisseur à proportion de la grandeur
des pièces que l'on fera.

Gâteau.

On prend une quantité de farine proportion-
née à la grandeur du gâteau que l'on veut ; on
met en rond sur une table propre ; on pétrit avec

un beurre bien manié, eau et sel (il faut autant de beurre que de farine) et fromage mou non écrémé et un peu essuyé, on pétrit le tout ensemble de manière que la pâte soit maniable, on met en boule, on applatit avec le rouleau, on étend dessus de la farce du fromage mou, on plie en quatre, on recommenee ainsi trois ou quatre fois, ensuite on étend la pâte, on en forme un gâteau, on le dore et on le fait cuire au four : cette manière de faire le gâteau le rend mollet et comme feuilleté.

On fait encore ce gâteau ainsi : on prend environ deux litres de fleur de farine, cinq cents grammes de beurre frais manié entre les mains, et un demi litre de bon lait avec lequel on détrempe la pâte, on y met du sel et quatre œufs frais, on pétrit bien le tout en versant le lait peu à peu et à mesure qu'on pétrit ; lorsque la pâte est ferme, on forme le gâteau et on le fait cuire au four. Ce gâteau est plus pesant que le précédent. Il faut, pour tous les gâteaux, que le four soit raisonnablement chaud.

Gâteau feuilleté.

On prend trois quarts de litre de fleur de farine que l'on détrempe à l'eau et au sel sans beurre ; la pâte étant pétrie un peu molle, on la met en boule et on la laisse reposer environ une demi heure afin qu'elle se ressuye ; ensuite, on l'étend avec le rouleau, on l'aplatit jusqu'à un doigt d'épaisseur en la poudrant plusieurs fois de farine ; la pâte étant ainsi étendue, on prend de bon beurre frais, on l'étend le long de l'a-baisse, on plie la pâte en double de sorte qu'elle renferme le beurre, on étend encore la pâte et on l'aplatit bien mince avec le rouleau ; on la plie encore, on continue d'étendre le beurre, et on continue ainsi jusqu'à quatre ou cinq fois en poudrant de farine à chaque fois ; enfin on l'é-tend de l'épaisseur que l'on veut le gâteau ; on dore et on fait cuire.

Gâteau aux œufs.

On prend un litre de farine que l'on mélange avec huit œufs et une cuillerée de bonne levure de bière, cent quatre-vingt grammes de beurre frais fondu et sel. Le tout étant bien manié, on couvre d'un linge chaud et on approche du feu de sorte qu'il n'en sente la chaleur que légère-ment ; on laisse environ une heure pour donner à la pâte le temps d'enfler, ensuite on met ce gâteau dans une tourtière après y avoir fait fondre cent-vingt-cinq grammes de beurre frais, feu dessus et dessous ; lorsque ce gâteau est cuit, on le sert chaud.

Gâteau flamand.

On prend telle quantité de farine que l'on veut, deux œufs frais par deux litres de farine, deux cent-cinquante grammes de beurre frais , de bon lait et du sel raisonnablement, on détrempe ensuite la pâte avec gros comme une noisette de levain ; lorsque la pâte est faite, on la place sur une feuille de papier, et on la couvre d'une serviette bien chaude, on la laisse fermenter auprès du feu pendant cinq quarts d'heure , puis on en forme un gâteau que l'on fait cuire au four.

Gâteau d'Amandes.

On fait une pâte comme précédemment avec du beurre et deux ou trois jaunes d'œufs , on ajoute deux cent-cinquante grammes de sucre , autant d'amandes pelées et pilées menues , du sel et un peu d'eau de fleur d'orange ; on pétrit bien le tout , en faisant une pâte de bonne consistance , on étend ensuite avec le rouleau sur du papier graissé de beurre ; il faut que le gâteau ait un pouce d'épaisseur , on dore et on met à cuire au four.

LIMONADES

Boissons Anglaise.

On met dans un pôt de terre :
Sucre................... 1 kilogramme.
Citrons coupés par tranches.
Crême de tartre en poudre.. 62 grammes.
On verse ensuite dessus :
Eau bouillante........... 8 litres.
On mêle et on couvre avec une toile forte et épaisse, puis on laisse refroidir ; lorsque le mélange est presque froid on jette une tranche de pain, coupée mince, sur laquelle on a étendu environ deux cuillerées de beurre de biére ; cette tranche surnage ; le liquide est recouvert jusqu'au lendemain avec la toile, puis on le met

en bouteille, en ayant soin de le passer à travers un tissu serré, qui filtre le liquide et retient les substances hétérogènes qui s'y trouveraient en suspens et qui troubleraient la limpidité. Au bout de trois ou quatre jours, le liquide es^t entré en fermentation, et il a acquis du piquant ; il est alors bon à boire.

Le liquide fermentant, les bouteilles qui servent à le contenir doivent être fortes. On peut se servir de bouteilles en terres (cruchons) ; la liqueur qui résulte de ce travail a beaucoup de rapport avec la suivante ; elle en diffère cependant en ce que la fermentation se fait dans la bouteille, et que dans l'hydromel composé, la fermentation est terminée lorsqu'on le met en bouteilles ; une autre différence consiste en ce qu'on emploie du miel au lieu de sucre. Quoiqu'il en soit, ces liqueurs fermentées peuvent remplacer le vin dans les ménages. (1)

------

(1) On peut encore faire une préparation analogue au vin de la manière suivante : on prend trois cents vingt litres d'eau qu'on met dans un tonneau ; on ajoute à ce liquide trente-sept kilogrammes cinq cents grammes de raisins secs pilés et cinq cents grammes de levure de bière ; on laisse fermenter : on soutire, on clarifie, et on met en bouteilles.

Hydromel composé.

Miel...................... 3 kilogrammes.
Eau .... 4 litres 1/2.

On fait chauffer dans une bassine bien propre, on opère la séparation des écumes et la clarification de la liqueur, puis on met de côté. On prend ensuite :

Raisins et damas coupé..... 250 grammes,
Qu'on fait bouillir dans :
Eau...................... 4 litres.

On continue de faire bouillir jusqu'à ce que le liquide soit réduit de moitié ; on passe ensuite au travers d'un linge avec expressions ; on mêle ensuite à l'hydromel préparé précédemment, puis on fait bouillir pendant quelques minutes ; on retire du feu et on laisse refroidir. Lorsque la liqueur est presque froide, on y met une tranche de pain recouverte d'une tranche de levure de bière (environ deux cuillerées); on remet sur le feu ; on enlève l'écume qui se forme; on retire du feu ; on laisse refroidir et déposer ; on décante ensuite dans un baril bien propre et dans lequel on aura mis :

Beau sel de tartre......... 30 grammes.
Esprit-de-vin............. 30   —

Il faut que le baril puisse être plein ; on le prend donc proportionné à la quantité de liqueur qu'on veut préparer ; on porte ensuite ce baril dans un endroit chaud , soit dans une étuve, soit sur le dessus d'un four, etc.; la fermentation s'établit bientôt : il y a production d'une matière blanche qui est rejetée au dehors du baril ; on remplit celui-ci au fur et mesure que l'écume est rejetée au dehors; et, lorsque la fermentation a cessé , on ferme exactement le baril et on le porte à la cave : là, après quelques mois , on tire et on met en bouteilles.

On peut aromatiser cet hydromel composé suivant les goûts , comme on peut lui donner l'odeur et le goût de canelle , de citron , de framboise , etc.

Boisson rafraîchissante.

Acide citrique pur et blanc..   7 grammes.
Sucre.................,.... 250   —
Essence de citron et d'orange.   8 gouttes.

On réduit en poudre l'acide citrique sur lequel on laisse tomber l'huile essentielle de citron et d'orange ; lorsque les deux poudres sont bien pulvérisées, on les mêle ; et, dès que le mélange est fait, on l'introduit dans un flacon à col droit que l'on ferme avec un bouchon de liège.

Lorsqu'on veut se servir de ce mélange, on en met deux ou trois cuillerées à café dans un verre d'eau ; on agite, on obtient ainsi une limonade plus acide que sucrée, mais qui convient à quelques personnes ; on peut avoir une limonade beaucoup plux agréable en employant, au lieu d'eau ordinaire, une eau légèrement gommée préparée à froid avec :

Eau.................... 1 litres.

Gomme choisie et lavée...... 4 grammes.

On peut aussi préparer une limonade analogue avec l'acide tartrique. On prend :

Acide tartrique........... 8 grammes.

Sucre blanc.............. 250 —

Essence de citron ou d'orange. 8 gouttes.

Les moyens et modes de préparation et d'emploi sont les mêmes.

Cette formule fournissant une limonade acide, on peut la remplacer par la suivante :

Acide citrique ou tartrique... 8 gram.

Sucre .... 375 —

Essence de citron ou d'orange. 8 gouttes.

Limonade Gazeuses.

On sucre légèrement un litre d'eau, de manière à la rendre agréable sans être trop sucrée ; on ajoute une cuillerée d'eau-de-vie.

Bi-carbonate de soude....... 575 centigr.
Acide citrique............... 385   —

On introduit dans la bouteille brusquement ; on bouche exactement ; on ficelle la bouteille et on laisse reposer jusqu'au moment d'en faire usage. On peut remplacer l'acide citrique par l'acide tartrique ; la boisson est plus économique; on aromatise avec quelques gouttes d'essence de citron, ou avec l'essence de l'écorce de citron et un morceau de sucre que l'on frotte sur la surface extérieure de ce citron.

On mélange une quantité de sucre,
Acide citrique............. 765 centigr.
Bi-carbonate de soude...... 765   —

On mêle ces trois substances ; quand on veut s'en servir, on jette une cuillerée à café de ce mélange dans de l'eau sucrée; le gaz se dégage promptement et forme une limonade qu'on est toujours flatté d'avoir à sa disposition ; l'addition d'une petite partie d'eau-de-vie n'est pas une chose inutile pour la bonté de cette boisson.

Cidre Factice

Verjus de bonne qualité. . . .   5 litres.
Vinaigre framboisé. . . . .   250 gr.
Sucre brut. . . . .   1 k.   875   —
Fleurs sèches de sureau. . . .   575   —
Eau filtrée. . . . . 25 litres.

On peut remplacer la fleur de sureau par toute autre fleur aromatique quelconque ; mais si l'odeur est plus forte, la dose doit être diminuée. Cent quatre-vingts grammes de gingembre donneraient à cette liaison le goût du ginger-bier anglais.

On mêle le tout ensemble dans un petit tonneau, en agitant de temps en temps ; on laisse macérer pendant plusieurs jours ; on passe ensuite à travers un linge, et on met en bouteilles que l'on bouche avec soin ; si on les couche à la cave, il faut les dresser quand la fermentation commence à s'effectuer, car la rupture des bouteilles ou la perte de la boisson en serait la suite inévitable.

Cidre de fruits secs.

Pommes sèches. . . . .⎫
Poires . . . .⎭   2 k. 500 gr.

Mélasse................ 1 kilogr. » «
Eau-de-vie .... 1 litre.
Eau de framboises............ 1/2 pièce.

On laisse fermenter pendant huit à dix jours, puis on passe à la chausse et on met en bouteilles.

Ce cidre acquiert, pendant la fermentation, du corps et du piquant; c'est une agréable boisson, saine et économique.

Il est nécessaire, si on veut que l'opération soit parfaite, d'échauffer l'eau du tonneau avec deux ou trois seaux d'eau bouillante.

POUDINGS.

On doit ouvrir un moule de ferblanc en forme
de cône , de douze centimètres et demi de pro-
fondeur sur vingt centimètres de largeur ; ce
moule est tout entier percé comme une écumoire ; son couvercle est arrondi comme le fond
d'une cafetière et doit emboîter parfaitement ;
cet instrument est destiné à recevoir et soutenir
la pâte, qui se déforme, lorsqu'on la roule simplement dans une serviette.

Si on n'a pas de moule , on peut le remplacer
par un vase de vingt centimètres de diamètre ; on
le garnit intérieurement de pâte fine; on remplit
de la garniture choisie, puis on couvre de pâte;
ensuite on beurre le milieu d'un linge (environ
32 centimètres de largeur) sur lequel on place
le vase sans-dessus-dessous; on fixe au-dessus

de ce vase ainsi renversé le linge avec une ficelle , et on le met dans l'eau bouillante ; à l'instant de servir, on déficèle ; on ôte le vase du linge et on place sur le plat dans lequel on veut dresser le pouding.

Les précantions à prendre pendant l'ébullition sont :

1° De se servir d'eau bouillante.

2° D'attacher à la serviette un poids pour empêcher le pouding de pencher d'un côté ou de l'autre.

3° De lier fortement la serviette au-dessous du pouding, car si elle était liée trop lâche, l'eau s'introduirait à l'intérieur du pouding et le gâterait. Un pouding bien serré ne doit jamais s'affaisser.

4° De prolonger l'ébullition pendant une heure et demie.

5° De masquer l'extérieur du pouding, soit de sucre fin , soit d'un sirop léger, soit d'une marmelade d'abricots ou autres fruits sucrés , soit de crème, soit enfin d'une sauce appropriée.

6° Dans le cas où l'on fait cuire les poudings dans le linge seulement, il faut placer au fond d'un vase d'eau bouillante une assiette ou une soucoupe, pour empêcher que la masse ne s'attache au fond.

7° Enfin, on prépare pour ce mets une sauce assortie.

Garniture de Poudings.

PREMIÈRE RECETTE.

Raisin de Corinthe épluché et lavé avec soin	60	grammes.
Raisin de Malaga dont on extrait les pepins	60	—
Cassonade blanche	120	—
Moëlle de bœuf hachée menu.	120	—
Riz égoutté	500	—
Œufs entiers	4	—
Zestes de citron hachés menu.	1	—
Macarons en poudre	60	—
Ecorce d'orange confite	60	—
Eau-de-vie	1	verre.

On peut remplacer le raisin par des cerises confites, la moëlle de bœuf par du beurre fin.

Un mélange de macarons écrasés, de rhum, et des ingrédients ordinaires, ou bien de pommes et de verjus confits, fait encore d'excellents poudings.

DEUXIÈME RECETTE.

Au lieu de faire cuire le pouding dans une serviette beurrée et saupoudrée de farine, plongée et maintenue dans l'eau bouillante pendant sept ou huit heures, on le met à nu dans une casserole beurrée et saupoudrée de mie de pain, que l'on place dans un fourneau sur un feu doux; on recouvre le tout avec un four de campagne, et le pouding, après quelques heures de cuisson, ne laisse rien à désirer.

Ce mode de cuisson a cet avantage sur l'autre : c'est qu'il laisse au pouding tous ses principes aromatiques, qui se trouvent enlevés par la cuisson dans l'eau. En outre, ce procédé est moins long, et par conséquent, plus économique.

TABLE DES MATIÈRES

LIQUEURS.

LIMONADES.

MARMELADES.

PATISSERIE.